教養として知っておきたい33の経済理論

THE 33 ECONOMIC THEORIES RELATING TO GENERAL EDUCATION

元国税調査官
大村大次郎

彩図社

まえがき

普通に社会人をしていれば、誰しも「経済理論」や「経済学」について、なにかしら聞いた覚えがあると思われます。

「神の見えざる手」

「悪貨は良貨を駆逐する」

というような言葉は、誰でも聞いたことがあるのではないでしょうか?

しかし、それらの言葉が実際どういう意味なのか、どういう背景で導き出されたことなのか、ということをご存じの方は少ないのではないでしょうか?

大学で経済学の授業をまともに受けていた人ならば別として、ほとんどの人は経済理論や経済学は、「なんとなく知っている」という程度ではないかと思われます。

そこで主な経済理論や経済学の基本的な仕組みをご紹介していこうというのが、本書の趣旨です。

「経済理論」や「経済学」というのは、経済の仕組みを解き明かしより良い社会をつくろうというものです。そして我々の社会や生活に大きな影響を与えています。

たとえば、現在、世界のほとんどの地域で自由な経済活動が認められています。しかし、以前はそうではありませんでした。近代に入るまで多くの国では、経済活動の自由は認められておらず、国家による強い制約がありました。

しかし、アダム・スミスの『国富論』などで「自由な経済活動が健全な社会をつくる」という経済思想が普及したために、今では多くの国が国民に経済の自由を認めるようになったのです。

また40代以上の人たちは、この世界が資本主義と共産主義に二分された「東西冷戦時代」を経験しています。

この東西冷戦というのは、ざっくり言えば、20世紀になってマルクスの経済理論に基づいて作られた国（共産主義圏）が登場し、彼らが第二次世界大戦後にヨーロッパの半分を支配することになり、それ以外の国々と対立することになったというものです。

この東西冷戦は、１９８０年代後半に共産主義国家があっけなく崩壊することによって終了します。つまりは、マルクスの経済理論には、無理があったというわけです。

このように経済理論というのは、歴史を動かし、社会を変革させるほどの影響力を持っているのです。

ところで筆者は元国税調査官です。

国税調査官というのは、企業や個人などの所得状況を調べるのが仕事です。もちろん、企業や個人の経済活動をつぶさに見てきました。

つまりは、「経済の現場」にいたと言うことができると思います。

筆者は学生時代に学んだ経済理論が、実際の経済の現場で役に立っているのかどうかを確認することができました。

その感触から言わせていただきますと、「経済理論」というのは、すごく当たっていると思われる面と、まったく的外れだと思われる面の両方があります。

たとえば経済理論の中には、「損失回避の法則」というものがあります。

詳しくは本文で述べますが、この理論は「人は得をすることより損をしないことの方に強い関心を持っている」というものです。

筆者は、この「損失回避の法則」を税務の現場では嫌というほど認識させられました。というのも、企業の経営者というのは、税金を少しでも安くするために、涙ぐましい努力をしているからです。中には、会社の利益を出すことより、税金を安くすることの方に執着する経営者もいました。おそらく経営者には「税金を払うこと＝損失」という意識があり、税金を払うまいとしていたのは、損失を何よりも嫌っていたということの表れなのでしょう。

またバブル崩壊後の日本経済をつぶさに見ていた筆者は、シュンペーターの景気循環の理論が、必ずしも当たっていないことを実感していました。シュンペーターは、「不況は好景気の準備段階」「不況は好景気のためには必要なもの」と表現しましたが、バブル崩壊後の日本の不況は「好景気の準備段階」という言葉が当てはまるような生易しいものではありませんでした。

マルクス経済学のケースからもわかるように、経済理論というのは、必ずしも正しいものばかりとは限りません。一部では的を射ていても一部では的を外していたり、その時代には有効であっても今の時代には役に立たないというようなものもあるのです。

そういう経済理論と実体経済の相違についても、紹介していきたいと思います。

教養として知っておきたい
33の経済理論

-もくじ-

第3章　歴史を変えた経済理論

第4章　大人として知っておきたい経済理論

第5章　現代世界を動かす経済理論

第１章

今日から使える お役立ち経済理論

【経済理論No.01】

コンコルドの誤謬
～大きなプロジェクトは途中でやめられない～

コンコルド
（1969-2003）

「たくさんの投資をしたプロジェクトは、途中で失敗だとわかってもなかなかやめられない」

これは「コンコルドの誤謬《ごびゅう》」と言われている経済理論です。

昔から経済界ではこのようなことがささやかれており、誰が言い出したのかは定かではありません。しかし、『利己的な遺伝子』という著書で有名な生物学者のリチャード・ドーキンスらの論文で、「コンコルドの誤謬」という言葉が使われてから世間に広まりました。

コンコルドというのは、１９６０年代にイギリスとフランスが共同開発を計画した航空機のことです。１９６０年代、航空機の製造というのは、今後の可能性がある花形産業でした。各国の航空メーカーは、飛行速度を上げることにしのぎを削っていました。が、飛行機の開発には資金がかかります。そこで、イギリスとフランスは、共同して超音速の航空機を開発することにしました。その航空機がコンコルドです。

コンコルドはマッハ２・02（時速約２２００キロ）という、通常のジェット機の約２・５倍の速度を出せるという超音速旅客機でした。

計画が立てられた当初は、ヨーロッパとアメリカをわずか3時間で結べるということで、夢の航空機プロジェクトとしてもてはやされました。１９６９年には、最初の試作機が完成しました。

しかし、試作機によるデモンストレーション飛行が世界中で行われている中で、騒音問題が発生しました。コンコルドは超音速のために、騒音が非常に大きかったのです。また量産化に入る前に、オイル・ショックが起きて燃料費が高騰しました。莫大な燃料を消費するコンコルドは、必然的に航行コストが高くつきます。

そのため当初は世界中の航空会社からかなりの受注が来ていたのですが、キャンセ

事業の失敗が予測できても後にひけなくなる

ルが相次ぎました。

それでもイギリスとフランスは開発計画をストップすることはできず、1976年になってようやくフランスのエールフランスとイギリスのブリティッシュ・エアウェイズが、コンコルドを商業就航させました。両社とも英仏のフラッグ・キャリア（国を代表する航空会社）であり、コンコルド計画を遂行してきた両国としてはメンツをかけて両社に就航させたのです。

が、この商業就航は大失敗に終わりました。ジャンボジェット機の約五分の一、100席程度しか客席が取れないにもかかわらず、燃料費が異常に高いために、旅客運賃は他の航空会社の「ファーストクラスよりも高い」という超高額となりました。ファーストクラス自体、よほどの金持ちしか乗れない運賃なので、いくら飛行時間が三分の一程度で済むと言っても、そう簡単に乗れるものではありませんでした。また騒音の関係で就航を拒否する国も多く、航空会社としては使いづらい飛行機となったのです。

そのため、コンコルドの受注は一向に増えず、わずか20機を生産したのみで、商業就航が開始された1976年に製造が中止されました。

●誰にでも起こりうる「コンコルドの誤謬」

「莫大な投資をした計画は、なかなか中止することができない」

このようなことは、日常生活から国家ビジネスにいたるまで非常によくあることです。

たとえば、子供を医者にするために、莫大な教育費をかけて医大に入れようとした親がいたとします。こういう親は時々いるはずです。特に開業医をしている人などは、自分の子供を無理やりにでも医者にさせようとすることが、よくあります。

幼少期には、塾に行かせたり家庭教師をつけたりしていれば、普通の子でもそれなりの成績を収めることができます。しかし、高校生くらいのときに、この子はあまり勉強ができない、医者にはあまり向いていないということが判明したとします。

この時点では、親も子もなかなか医者になることを諦めることができなくなってしまっています。それまで投資したお金と時間のことを考えると、今更別の道を探すことはできなくなってしまうのです。

どうにか努力して、何年も浪人してやっと医大に入り、ようやく医者の免許を取って、親の病院を継ぐことになりました。が、そういう病院が、長く続くことは非常に難しいのです。だから私立の病院は、二代目、三代目でつぶれることがよくあるのです。

●「勇気ある下山」ができるかどうか

「コンコルドの誤謬」が起きやすい分野として「冒険」があります。

この世には登山家や冒険家と呼ばれる人がいます。今まで誰も成し遂げたことがない難所の攻略や、今まで誰も成し遂げたことのない冒険をする人たちのことです。

彼らは自費で行うこともありますが、難しい冒険の多くは、スポンサーをつけたり、一般の人からお金を集めたりして費用を賄います。

しかし「冒険」というものは、その時々の天候、体調、環境などが、成否に大きく影響します。天候が悪くて、いつまで経ってもチャレンジできないということもあります。また冒険の途中で大きな困難が生じ、続行が不可能になることも多々あります。

そういうとき冒険家は、無理をして計画を続行することが時々あります。

これまでにかかった費用や時間、たくさんの人たちの労力のことを考えると、「失敗でした」と言って戻ることは非常に辛いものでしょう。そういうときに、計画を中止することを「勇気ある下山」と表現されることがあります。

そういう状況で「勇気ある下山」をできるかどうかが冒険家として成功するかどうかでもあります。名を成した冒険家の多くは、幾度かは、「勇気ある下山」を経験しているものだからです。

●公共事業も「コンコルドの誤謬」が起きやすい

また公共事業も、「コンコルドの誤謬」が非常に起きやすい分野です。

公共事業というのは、国がやるものにしろ、地方自治体がやるものにしろ、事前に必要性や実現性が十分に検討されている、という建前があります。

しかし、ダムの建設など何年もかかる大きな公共事業の場合、途中で状況が変わって、必要性がなくなったり、新たに環境への負荷が判明したりして、不要になることはままあります。が、もう不要だということが判明しても、それを中止することはなかなかできません。それまでに投じられた莫大な費用は、「税金の無駄遣い」ということになってしまいます。国や自治体がそれを認めることは難しいので、計画はそのまま続けられてしまうのです。つまり、税金の無駄遣いを隠すために、さらに税金の無駄遣いをしてしまう、ということになるのです。

そもそも、あらゆる事業計画において、事前に必要性や実現性をすべて明確に把握することは非現実的です。だから、「まったく無駄のない税金の使い方」などは、できるわけがないのです。

むしろ「事業をする上では、ある程度の見込み違いは必ず生じるもの」ということを前提にして、事業計画の途中でも状況次第では変更できるというシステムにした方が、よほど税金の無駄遣いは減るのではないか、と筆者は思います。

【経済理論No.02】

返報性の法則

～人には報恩の心理がある～

ロバート・B・チャルディーニ(1945-)

「人は恩を受ければ〝それに報いなければならない〟という心理がある」

これは行動経済学で「返報性の法則」と呼ばれている理論です。

昨今の行動経済学では、昔から言われてきたような営業テクニックを、心理学などを用いてうまく説明するということも行われています。

人は自分のために何かをしてもらったり、何か物をもらったりすると、相手に感謝しなければならない、という強迫観念のようなものが芽生えます。

この感情のことを「返報性の法則」というのです。

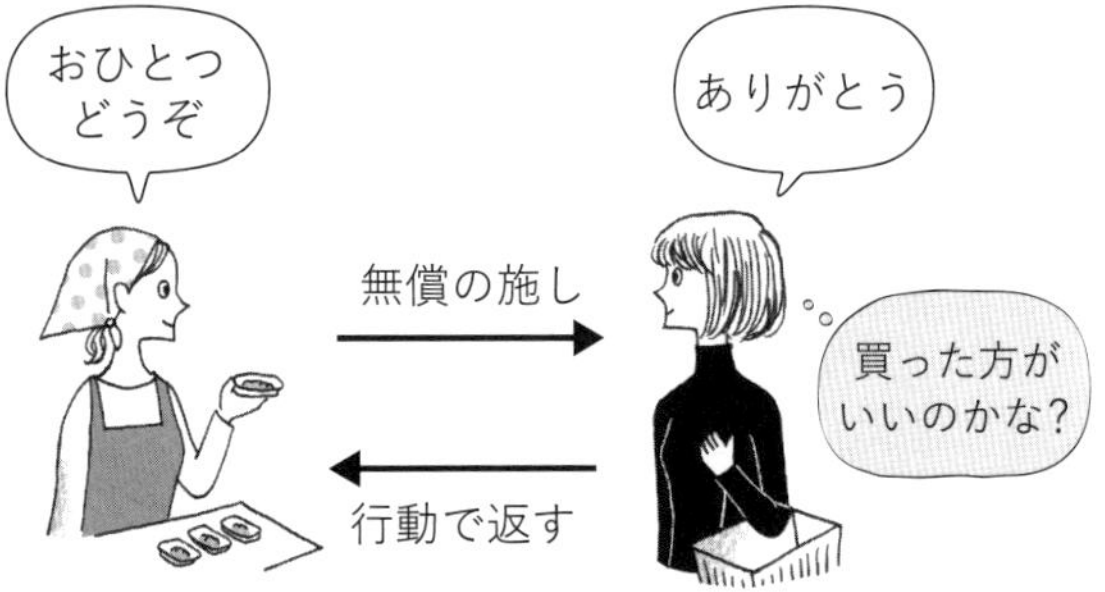

人には「恩に報いなければ」という心理がある

この「返報性の法則」は、昔からビジネスに採り入れられてきました。誰が発見したということはなく、おそらく太古から人類が使っていたビジネス・テクニックだと思われます。

たとえばスーパーの試食コーナーなどがそうです。

試食をした人の多くは、「買わなければならない」というような心理状態に陥ります。無料でもらったのだから、これに報いなければならないのではないか、ということです。試食コーナーはその心理を利用し、売上げを増やそうとしているのです。

また、たとえが少し悪いかもしれませんが、賄賂などもこの「返報性の法則」を使ったものといえます。

政治家や役人などにお金を渡したり様々な利益供与をすることで、自分に有利な政治的配慮をしてもらおうということは古代から行われてきました。政治家や役人がいくら賄賂をもらっても、まったく見返りをしないのであればそれほど問題はないのですが、人というのは「返報性の法則」が必ずあるらしく、賄賂をもらった人はたいてい何かの便宜を図ろうとしてしまうようです。

古代から「贈収賄」については批判されてきましたが、現代にいたるまで人類はまだこの問題を解決できていません。

それだけ人には強い「返報性の法則」が働いているといえるかもしれません。

●重い依頼をした後に軽い依頼を承諾してもらう「譲歩的依頼法」

また、この返報性の法則を応用したものに、「ドア・イン・ザ・フェイス・テクニック（譲歩的依頼法）」という交渉術があります。

これは最初に大きな頼み事をし、それを断られた後に、小さな頼み事を持ちかけるというものです。

心理学の世界では、「コントラストの原理」というものがあります。

これは、印象の強いものと印象の弱いものを順番に見せることで、より印象の度合いが強くなるということです。

たとえば、「重いものを持った後で軽いものを持てば、より軽く感じる」ということです。これも人間社会では、おそらく昔から気づかれていたことだと思われます。

そして、「返報性の法則」と「コントラストの原理」を組み合わせたものが「ドア・イン・ザ・フェイス・テクニック（譲歩的依頼法）」なのです。

「ドア・イン・ザ・フェイス」というのは、「Shut the door in one's face（門前払いを喰らわせる）」から来ています。最初に門前払いを喰らうような大きな依頼をしておいて、次にそれよりも軽い依頼をするというわけです。

●返報性の法則を広めた本『影響力の武器』

この「ドア・イン・ザ・フェイス・テクニック（譲歩的依頼法）」はアメリカの社会

心理学者ロバート・B・チャルディーニの著した『影響力の武器』という本で、世間に知られるようになりました。

ロバート・B・チャルディーニは、ウィスコンシン大学を卒業後、１９７０年にノースカロライナ大学で心理学の博士号を取得し、現在はアリゾナ州立大学の名誉教授をしています。行動経済学を広めた学者の一人であり、彼の代表的な著書『影響力の武器』は世界中で大ベストセラーになりました。

依頼された方は、最初に大きな頼み事を断っているので、次の頼み事も断るのは申し訳ない、という気分になります。また、大きな頼み事に比べれば、小さな頼み事は引き受けやすいわけです。

このようにして、二度目に小さな頼み事をすることで、自分の依頼を受け入れてもらうという交渉術です。

たとえば、知人にお金を借りるときに、最初に「10万円を貸してほしい」と頼みます。10万円は大金なので、知人も躊躇するかもしれません。

でもそれをすぐに撤回し、「じゃあ、1万円だけでいいから貸してほしい」と頼んでみます。10万円に比べればはるかに小さな金額ですし、知人には最初に10万円の借金

を受け入れなかった負い目があるので、思わず承諾してしまう、ということです。

最初から1万円の借金を申し込んでも断られるかもしれませんが、この方法を採れば、受け入れられる可能性が高くなるといえます。

昔から、値段交渉をする際には、最初に大きな金額をふっかけて、相手の出方を見ながら徐々に妥協点を探っていくというようなことはされていました。

日本ではあまりそういうことはありませんが、東南アジアの市場などに行くと、表示された値段は「仮の値段」であり、そこからどこまで値切るかが買い物の基本だったりもします。

彼らの取引を見ていると、「よその店はもっと安いから安くしろ」「そんな値段で売ると損をしてしまう」など売る方も買う方も、ハッタリをかましまくっています。

「ドア・イン・ザ・フェイス・テクニック（譲歩的依頼法）」は、昔からあるそういう値段交渉の応用編ともいえるでしょう。

●返報性の法則を使っていた織田信長

あの織田信長は、「返報性の法則」の応用である「譲歩的依頼法」を使っていたという史実があります。信長の家臣が書いた伝記である『信長公記《しんちょうこうき》』には、こういうエピソードがでてきます。

桶狭間の戦いから3年後の永禄6（1563）年のことです。信長は、居城を清洲《きよす》城から小牧山《こまきやま》城に移そうとしていました。城が移転するというニュースが流れたとき、織田家の家中では、皆が口々に不満を言いました。引っ越すのが大変だからです。

そこで、信長は一計を案じます。

最初は小牧山よりもさらに遠い二宮山に移転すると発表したのです。信長は、家臣を引き連れて二宮山にいき、城の普請の下見まで行いました。それを見て家中からは不満が噴出します。そののちに信長は小牧山城に移転すると発表したのです。すると小牧山は、二宮山よりも近いので、家中の不満は消えて、スムーズに城の移転が行われたというのです。

【経済理論No.03】

フット・イン・ザ・ドア・テクニック

～小さな頼み事から徐々に大きくする「段階的要請法」～

「ドア・イン・ザ・フェイス・テクニック」とは逆に、最初に小さい頼み事をして、それを受諾してもらった後、段階的に頼み事を大きくしていくという「フット・イン・ザ・ドア・テクニック（段階的要請法）」という交渉術もあります。

この「フット・イン・ザ・ドア・テクニック」は、一度、受諾した依頼は次も断りにくいという人間心理を突いたものです。

いきなり大きな依頼をしても断られる可能性が高いですが、はじめは小さい依頼をしてそれからどんどん依頼の大きさを引き上げていけば、受諾してくれる可能性が高くなるということです。

一度依頼を受け入れると、次第に断りづらくなる

たとえば、最初に1万円を友人に借りたとします。それを返済した後、次は2万円を貸してくれと頼むわけです。友人としても最初に1万円を貸しているのだから、次の2万円を断ることはしにくくなります。

また友人は、最初に1万円を貸しており、その負担感をクリアしているので、次の2万円は比較的貸しやすいといえます。

●「ドアを閉められる前に足を入れろ」

フット・イン・ザ・ドアとは、「ドアを閉められる前に足を入れろ」という意味です。

相手が依頼を断る前に、とにかく足だけ

を入れてドアを閉められないようにするということです。そしてドアに入ってから、少しずつ自分の要求を貫徹していくというわけです。

この「フット・イン・ザ・ドア・テクニック」も行動経済学では有名な理論です。これも前項で紹介したアメリカの社会心理学者ロバート・B・チャルディーニの著した『影響力の武器』という本で、世間に知られるようになりました。

まず小さい依頼をして、それからだんだん依頼を大きくしていくというのは、昔から人が行ってきたテクニックでもあります。

たとえば女性が男性にプレゼントをねだるとき、最初は小さい物だったけれどだんだん要求が大きくなっていくというようなことはよくあります。というより、要求が小さくなるということは、筆者の知る限りありません。もしかしたら、女性は天性の心理学者なのかもしれません。また賢い子供なども、誕生日やクリスマスのプレゼントをねだるときなどにこのテクニックを使うことがあります。

行動経済学は、この昔から人が使ってきた心理テクニックをうまく理論的に解明したということです。

この「フット・イン・ザ・ドア・テクニック」は、投資詐欺などの手口にもよく使われます。

最初に少額の投資金を集め、しばらくはきちんと配当をする、そして信用させたところで、投資金をどんどん増額させていくのです。投資詐欺の事件などでは、一人が何千万円もの詐欺に遭うことがありますが、それは大方の場合、最初は少額から始まっています。

だから騙す側も「フット・イン・ザ・ドア・テクニック」を使ってくるということは、重々認識しておきたいものです。「少額だからいい」などと怪しい話に乗ってしまうようなことはするべきではないということです。

●交渉の基本戦法

「ドア・イン・ザ・フェイス・テクニック」と「フット・イン・ザ・ドア・テクニック」の二つの交渉術は、営業などの場面で非常に実践的なテクニックなので、営業担当の方などはぜひ覚えておいていただきたいものです。天性でこういうテクニックを使っている人もたくさんいますが、根が正直でこういうテクニックを内蔵していない人も多いものです。

この二つの交渉術は、どちらが優れているというわけではなく、時と場合によって有効なものが違ってくるといえます。

またその人のキャラクターによっても、どちらが使いやすいというのがあるでしょう。

「ドア・イン・ザ・フェイス・テクニック」の場合は最初にハッタリをかますわけですから、断られる可能性も高く、リスクも大きくなります。度胸がある人、比較的ハートが強い人でないと、なかなかできにくいかもしれません。

一方、「フット・イン・ザ・ドア・テクニック」の方が、最初に断られる可能性は低いといえます。日本人の場合は、性格的に「フット・イン・ザ・ドア・テクニック」の方がやりやすい人が多いかもしれません。

使うか使わないかを別にしても、知っておくだけで営業をするときにかなりの心の余裕になることは間違いないでしょう。

【経済理論No.04】

囚人のジレンマ

～裏切りのリスクがあると人は協力しない～

アルバート・タッカー（1905-1995）

「人は相手と協力したほうがいい結果が出るとわかっていても、相手が裏切る可能性がある場合は、自分から裏切ってしまう」

これはゲーム理論の代表的なものである「囚人のジレンマ」から導き出された理論です。

ゲーム理論とは、１９４４年に数学者のジョン・フォン・ノイマンと経済学者のオスカー・モルゲンシュテルンが共著で出版した『ゲームの理論と経済行動』がその起源とされています。

	B 黙秘	B 自白
A 黙秘	両者とも懲役１年	Bは無罪 Aは懲役５年
A 自白	Aは無罪 Bは懲役５年	両者とも懲役３年

相手の裏切りが自分に損をもたらす場合、
協力は難しい

ゲーム理論を簡単に言うと、「ある条件でゲームをしていくことによって、人の心理や行動などの本質を探っていく」という考え方です。

このゲーム理論は、もともとは既存の経済学に対する批判が発端になっています。「人は常に合理的な法則で経済行動をとっている」とみなしていた既存の経済学に対し、ゲーム理論は「様々な心理状況などによって人の経済行動は変わっていく」ということを解き明かそうとしたのです。

ゲーム理論は、経済分野だけではなく、心理学、法律、軍事など様々な分野に大きな影響を与えました。

ゲーム理論では様々な実験や研究が行わ

れているのですが、その中でもっとも有名なものが「囚人のジレンマ」です。「囚人のジレンマ」は、カナダ出身の数学者アルバート・タッカーらが考案したもので、ゲームの内容は次のようなものです。

とある犯罪で共犯した2人の囚人がいます。
当局は、それぞれに次のような条件を示しました。

・2人とも黙秘すれば、両者とも懲役1年
・2人とも自白すれば有罪となり、懲役3年
・1人が自白して、もう1人が黙秘すれば、自白した者は無罪となるが、黙秘した者は懲役5年となる

この条件では、もし自白すれば無罪となる可能性がありますが、その場合は相手が5年の刑を受けることとなります。相手も自白した場合はお互いに3年の刑を受けなければなりません。

本来、2人とも黙秘を続ければお互いに1年の刑を受けるだけで済むので、それが2人にとってもっともいい策といえます。しかし黙秘を続けて相手が自白した場合は、自分が5年の刑を受けなければならなくなってしまうという大きなリスクがあります。

このことは「囚人のジレンマ」と言われ、ゲーム理論ではもっとも有名なワードとされています。

そのため実験では、囚人は2人とも自白してしまい、その結果、2人とも3年の刑を受けてしまうということになっています。

●相手と協力関係を築くことの難しさ

この「囚人のジレンマ」の結果は、企業戦略などにも有効な示唆をもたらしてくれるものです。

「相手と協力した方がいい結果が出るとわかっていても、相手が裏切るかもしれない状況でしかも相手に裏切られるとダメージが大きくなるような場合には、結局、自分が先に裏切ってしまう」

こういうことは、企業間の共同事業などでよく生じる現象です。

よく同じ業種の企業同士が、特定の事業などで共同開発を計画することがあります。商品を開発するには莫大なコストがかかるので、企業同士が共同して研究開発したほうがコストが抑えられるわけです。それは両社にとってメリットがあるはずなのですが、この共同開発というのは、なかなかうまくいった試しがありません。お互いが疑心暗鬼に陥って、共同開発の途中で解消されてしまうのです。

この状況を回避するためには、お互いの企業が「相手を裏切らない」という明確なメッセージを出し続ける必要がありますし、相手に関する情報分析も怠らないようにしないとならないわけです。ただ「相手を信じるだけ」では大きなダメージを喰らう可能性が高いわけですし、かといって「相手を疑うばかり」では大きなメリットは得られないということです。

またこれは企業同士の協力だけではなく、社会全体においても言えることでしょう。

社会生活においては、人は協力し合ったほうが大きなメリットが得られることが多いものです。しかし、なかなか人々の協力というのはうまくいきません。それは「相手が裏切るかもしれない」「自分だけが損をするのではないか」という疑念が生じるためだと思われます。そういう疑念をどうやって払拭するかが、よりよい社会をつくるためのポイントなのかもしれません。

【経済理論No.05】

〝無制限〟のゲーム

～なぜ都会の人は冷たく田舎の人は親切なのか？～

「一回きりのゲームでは人は自分のことしか考えないが、無制限にゲームが繰り返されると相手と協力するようになる」

前項で紹介した「囚人のジレンマ」には続きがあります。

このゲームに「何回か続ける」という条件を加えた場合どうなるか、という新しいゲームが検証されているのです。

その場合、続ける回数が判明している場合は、最初の条件と同じように、二人とも自白してしまうという結果になりました。

その後も関係性が続かない場合は
自分だけの利益を優先した行動になる

が、続ける回数がわかっていない場合は、二人は協力して黙秘をするという結果になったのです。というのも、相手が自白した場合は、次の回では今度は報復として自分も自白しようとします。そのリスクを避けるためには、両者が黙秘を続けるということが、両者にとって最善の選択になるのです。

「囚人のジレンマ」以外でも、ゲーム理論では、何度も顔を合わせる者同士は協力的になるという実験が行われています。

たとえば、こういう実験もあります。

まず、あなたに100ドルが与えられます。そして、それを別の人と分け合わなければなりません。分ける金額はあなたに一任されます、という条件のゲームです。

この実験では、一回限りであれば、自分に有利な分け方をしますが、立場を変えて何度も繰り返すと50％以上の人が、50ドルずつ分け合うという結果になったのです。

つまり、実験が何度も繰り返されるということは、自分が相手に少なく与えれば相手も自分に少なく与えるということであり、必然的に相手の利益も配慮しなければならないのです。

この「囚人のジレンマ」の「無限に繰り返される場合は囚人たちは協力的になる」という結論は、我々の社会生活において、非常に示唆に富んだものだといえます。

人は一回ごとのゲームでは、相手のことは考えずに、とにかく自分に有利になることしかしないということです。しかし、無限にゲームが続く場合は相手のことも考えはじめるのです。

この理論は、社会の中で起こるいろいろな現象を説明することができます。

たとえば、「都会の人は冷たく、田舎の人は温かい」とよく言われます。実際に、都心のマンションでは隣人に挨拶しないケースも多いものです。一方、田舎の人はよく

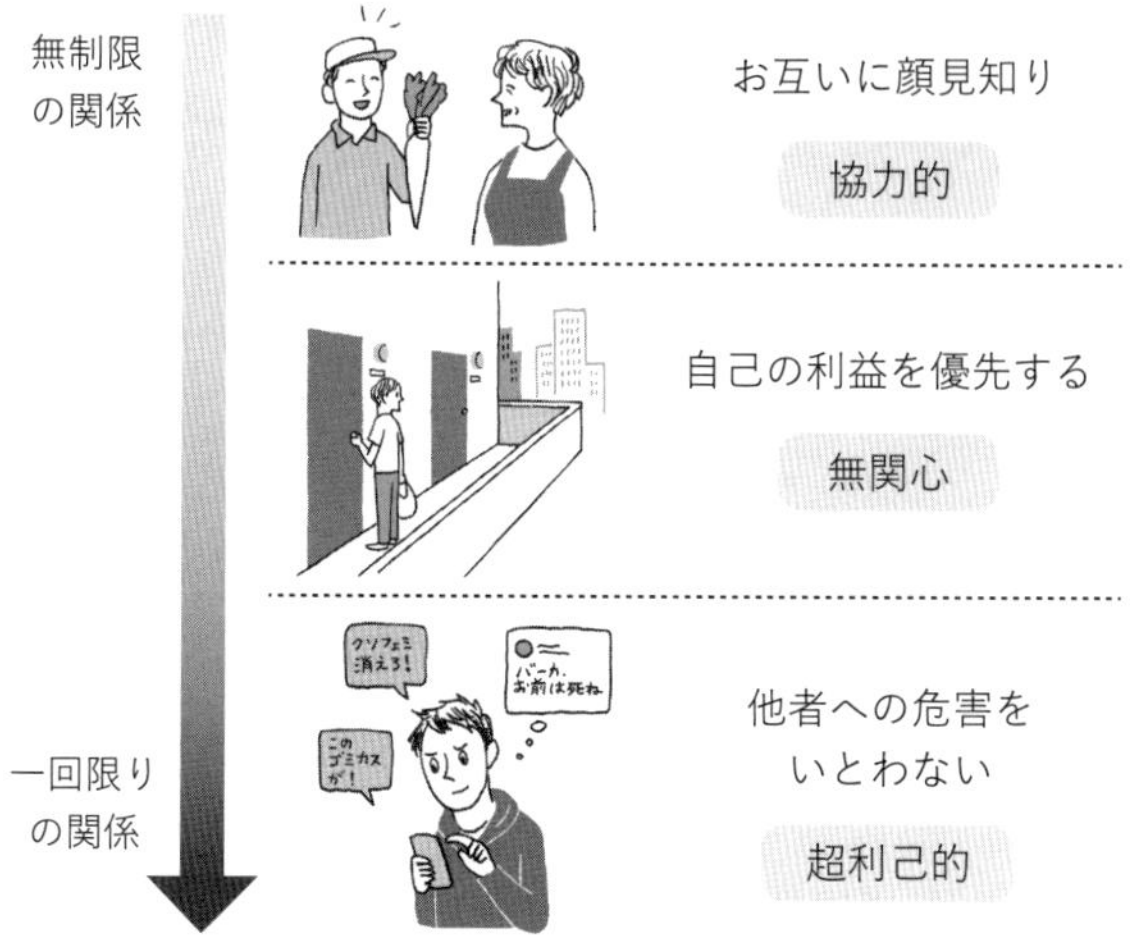

関係性が続くなら協力することで得になる

近隣の人と話をする様子を見かけます。

都会の場合は、人が多いので隣人といえどもいつ引っ越すかわからないし、その後の人生において深く関わり合う可能性は低いわけです。つまり、「囚人のジレンマ」で言えば、一回限りのゲームなのです。だから自分に有利なことしかしないわけです。相手と関わり合っても得をする可能性は低いですし、下手に関わって変なことに巻き込まれるよりは、関わり合いを持たない、という選択肢を選んでしまうのです。

しかし、田舎の人は、人数が少ないし近隣は顔見知りで、それが長期間続くことが多いわけです。つまり、「囚人のジレンマ」で言えば、「無限に続くゲーム」というわけです。ゲームが無限に続く場合は、相手のことも考えて協力しあわないと自分は得にはなりません。

田舎の人は、「人と協力することが自分の得になる」という状況に置かれているため、それが染みついて「親切な人が多い」ということになったのだと推測することができるはずです。

●ネットの世界ではなぜ人は攻撃的になるのか？

ネットの世界では、人は非常に攻撃的になることが知られています。特に匿名で発信できる掲示板などでは、目を覆いたくなるような罵詈雑言が普通に飛び交っています。

このネットの匿名掲示板というのは、「一回きりの〝囚人のジレンマ〟」の究極の状態だといえます。ネットの掲示板に来るもの同士が、実際の社会で出会う確率というのは、非常に低いものです。自分が望まなければ出会うことはほぼありません。

また匿名となると、ネットでの発言が自分の実生活に影響を及ぼす可能性は非常に低くなります。

だから、自分の思いのたけを吐き出し、「相手をどれだけ傷つけても、周囲をどれだけ不快にさせても、自分の気分がよくなればいい」という超利己的な行動が生じるわけです。

しかし匿名掲示板とはいえ、「名誉毀損」「侮辱罪」などの罰則の対象になることは、肝に銘じておいた方がいいでしょう。

【経済理論No.06】

最後通牒ゲーム

～人の嫉妬心は損得勘定をも超える～

「人は自分が損をすることになっても、誰かが得になることを阻むことがある」

これはゲーム理論の「最後通牒ゲーム」と呼ばれる実験で導き出されたものです。

「最後通牒ゲーム」というのは、次のようなものです。

Aにまず100ドルを与えます。

Aは、見ず知らずのBにその100ドルのうち何ドルかを分け与えなければなりません。いくら分け与えるかはAが決めることができます。しかし、Bには分け前に不満があれば、それを拒絶する権利があります。そしてBが拒絶すれば、AもBも1ドルももらえないのです。

この実験の結果、AがBに与える金額は40%～50%というのがもっとも多く、全体の3分の2以上を占めました。

そしてAがBに与える金額が20ドルを下回るケースは、わずか4%に過ぎませんでした。しかも分配金が20ドルを下回る場合は、Bは半分以上が拒絶を選択したのです。またBがもらえる金額が低くなるごとに、Bが拒絶する割合は高くなりました。

この実験は、どこの国、民族で行っても、だいたい似たような結果になるそうです。

普通に考えれば、AがBに与える金額はいくらでもいいはずです。経済合理性だけを考慮すれば、たとえ1ドルであっても、Bにとってはもらえないよりはもらった方が絶対にましなはずです。Bは拒否すれば、何ももらえないのです。

しかし、Bは自分の取り分が相手よりもかなり少なかった場合は、ただでもらえるお金を拒絶するのです。

つまり、黙っていれば何もせずになにがしかのお金がもらえるのに、「どこかの知らない人がたくさんお金をもらっている」ということへの嫉妬心のために、そのお金を放棄するということなのです。

最後通牒ゲーム
AはBに、渡す金額を
好きなように決めて提示する
○○ドル
渡します
A
B
①Bが承諾した場合
100ドルを提示通りに分配
②Bが拒絶した場合
100ドルは没収
両者ともに何ももらえない

人というのは、利己的な生き物であり、本能的に損得勘定をしているとされていま す。しかし、人の嫉妬心というのは、その損得勘定さえ超えるということなのです。どこの誰とも知らない人にさえ、これほど強い嫉妬心を抱くのだから、見知ってい る人に対しての嫉妬心というのは、相当なものだと考えられます。

●税務署への密告者の大半は身内

筆者は税務署の調査官をしていましたが、そこで人の嫉妬心の怖さを認識させられ ることがありました。

税務署には、脱税の密告情報が時々寄せられます。実はこの密告情報のほとんどは、ごくごく近しい身内の人間によるものなのです。特に相続財産の脱税については、親族からの密告がもっとも多いのです。もし、税務署の手入れが入れば、相続財産の何割かを失い、自分も損をするかもしれないにも関わらず、親族の誰かに対する嫉妬の方を抑えきれないのです。

人の嫉妬心というのは、かくも恐ろしいものであり、バカにできないものなのです。

嫉妬心というのは、それを抱く人の未熟さで片づけられてしまうことが多いものです。しかし、嫉妬心を抱かない人などはいないのであり、「人は誰もが強い嫉妬心を持つもの」ということを前提にして社会生活を送っていかないと、大変な目に遭うかもしれないのです。

特に人の上に立つ人、経営者などはよくよくこのことを肝に銘じておいた方がいいでしょう。「利益を与えてやっているから、文句はないはず」などと思っていたら、大間違いなのです。嫉妬心は損得勘定を超えるのですから。

●進化ゲーム理論とは？

1944年にジョン・フォン・ノイマンとオスカー・モルゲンシュテルンが『ゲームの理論と経済行動』を出版して以降、ゲーム理論では、様々な実験ゲームが考案され、急速に拡大発展しました。生物学などの分野でもゲーム理論を用いた研究が行われるようになり、ゲーム理論に動的にアプローチしたものは「進化ゲーム理論」と呼ばれるようになりました。

進化ゲーム理論の代表的なものがこの「最後通牒ゲーム」です。これは1982年に、ドイツの経済学者ワーナー・ガス（Werner Güth）らの研究チームによって発表され、世界中で実験が行われました。

この進化ゲーム理論により、「人は状況によって得になる行動が違ってくる」だけではなく、「人は状況によっては得にならない行動をとることもある」ということさえわかってきたのです。

第2章

顧客の心理を読み解く経済理論

【経済理論No.07】

ナッジ理論

～消費者は常に賢いわけではない～

リチャード・セイラー（1945-）

「消費者は常に様々な選択肢の中から、自分がもっとも得になるものを選んでいるわけではない。しばしば間違った選択をしている」

これは、ナッジ理論と呼ばれる経済理論のもっとも基本的な考え方です。

ナッジ理論は、リチャード・セイラーというシカゴ大学の教授が提唱した理論です。リチャード・セイラーは、若いころから既存の経済学が「人は市場においてもっとも合理的な判断をする」ことを前提につくられていることに疑問を抱いていたそうです。そして、従来の経済学とは違う「人はしばしば判断を誤る」ということを証明し、それを踏まえた上での〝経済政策〟を提唱したのです。

たとえば、飛行機で販売されている搭乗者の保険料は、昔は非常に高額でした。飛行機が安全だということをまだ人々が知らない時代は、高い保険でも売れたのです。しかし、飛行機の安全性が知れ渡り、飛行場で購入する保険が割高だということに人々が気づき始めてからは、保険料は大幅に下がりました。

このような例は、経済社会の中ではいくらでも見つけられます。

しかし既存の経済学では、「一物一価」が原則とされていました。一つの物には、一つの価格しかつかないということです。リチャード・セイラーはそれに異議を唱え、ナッジ理論を提唱したのです。

ナッジ理論というのは、迷える消費者に対してちょっとした提案をすることで賢い選択を促す、というものです。ナッジ（Nudge）とは、肘でつつくという意味です。賢い提案を押し付けるのではなく、消費者が自然に気づくような方法で、消費者の賢明な選択を促すということです。

ナッジ理論を提唱したリチャード・セイラーは、行動経済学をより実践的にして世間に広めた人物です。同じく行動経済学の始祖の一人であるカーネマン教授（P77参照）とも長年、共同研究を行ってきました。

リチャード・セイラーのナッジ理論は、世界中の学者、政治家などに影響を与え、各国の政策にも用いられています。このナッジ理論によって、リチャード・セイラーは２０１７年にノーベル経済学賞を受賞しました。

●アメリカで企業年金加入者を激増させた方法

リチャード・セイラーは、アメリカ政府からの依頼を受け、政策にも携わるようになりました。

このナッジ理論を用いたもっとも有名な例が、アメリカの企業年金です。

アメリカでは、企業が従業員に非常に有利になる年金プランを提供していました。この年金の掛け金は、所得税が控除され、従業員の年金の掛け金とほぼ同額を企業が補助しています。どう考えても従業員は得になるのです。

しかし、なかなかこの企業年金の加入者は増えませんでした。これは企業年金の申し込みが非常に煩雑で、たくさんの書類を書かなければならないことが要因ではない

必ずしも得をする行動をとるとは限らない

面倒な手続きをなくし、賢明な行動を促す

かと、リチャード・セイラーは推測しました。

そこで、リチャード・セイラーは「年金脱退申込書」というものを提案しました。企業年金に加入することを「標準」とし、それ以外の選択をする人のみが書類の手続きをするということです。

この方法を各企業が採り入れるように働きかけました。すると、年金脱退申込をする人はあまりおらず、多くの人が自動的に企業年金に加入することになったのです。

●雑誌の定期購読者が減らない理由

ただこれはリチャード・セイラーが考案したというよりは、もとからあるビジネスの世界での現象を採り入れたということになります。

リチャード・セイラーの著書『実践　行動経済学』でも述べられていますが、昔から雑誌の定期購読には惰性で購読を続けている読者が多いとされてきました。雑誌の定期購読は、解除の手続きを取らなければ購読が継続されるという契約になっていることが多いのです。そのため、解除の手続きをしないままずるずると定期購読をしている人がかなり多いのではないか、ということです。

「企業年金脱退申込書」は、この雑誌の定期購読方式を採り入れたものだといえます。学術的に解明される前に、ビジネスの世界では普通にスキームとして使われていたわけです。

●ナッジ理論の悪用

この「企業年金脱退申込書」のスキームは、日常生活のいろいろな場面で使われています。むしろ「悪用」されていることの方が多いので、消費者としては逆に注意をしなければなりません。

特に最近では携帯電話やインターネット関連のサービスでは、「解除の手続きをしない限り永遠に継続する」というような契約が一般的に行われています。

大きなサービスならば消費者も気を付けるでしょうが、月々数百円や年間数千円程度のサービスであれば、忘れてしまう事もあります。筆者も、あるネットのオークションサイトに加入しているのを忘れてしまい、数百円の月会費を何年間も払い続けていたことがあります。業者側もそれを狙っているわけです。

また昨今、社会問題になりましたが、「携帯電話の解約」は非常に複雑で、消費者に不利になっています。携帯電話の契約は2年ごとの更新になっているケースが多く、しかも、そのほとんどが「解約できるのは2年後の契約月だけ」というような契約になっているのです。解約月に解約せずに、ほかの月に解約すれば多額の違約金が取られる仕組みになっていました。

しかも携帯大手のどこの企業もこういう契約方法を採っていたのです。大手の企業が、普通にこういう「悪徳商法」を使っていたというわけです。

当然のことながら、解約月に解約するのをうっかり忘れるという人は続出しました。そういう人は、多額の違約金を払うか、2年後の契約月まで継続しなければなりません。特にお年寄りなどは、契約の内容や解除の方法が複雑なために、長期契約を余儀なくされているケースが多かったのです。

が、明らかに「悪徳商法」なので社会の批判を浴び、携帯大手は今ではこの契約方法は改善しました。

しかし、これに類似した商法は、世の中に跳梁跋扈《ちょうりょうばっこ》しています。

消費者としては定期的に「自分がどういうサービスを利用しているのか」「加入しているサービスで使っていないものはないか」などをチェックする必要があると思います。

行政側も、インターネットや携帯などの継続サービスに期限をつけるなどの規制を加える時期にきているのかもしれません。

【経済理論No.08】

心の家計簿

～物の価値は人の気持ちによって変わる～

「同じ物であっても、人の気持ちによって物の値段は違ってくる」

これは前項で紹介したナッジ理論で知られるリチャード・セイラーが述べた「心の家計簿」という理論です。

リチャード・セイラーは、物の値段は、時と場合によって変わるはずだと考えました。同じ飲食物であっても、市中の食堂で食べる場合と、観光地のホテルで食べる場合ではまったく値段が違います。これは、誰もがごくごく当たり前に経験していることです。日本でも昔から「観光地は物が高い」ということは常識でしたからね。

が、前にも述べましたように、既存の経済学では、一物一価を前提として構築されていたのです。逆に言うと、既存の経済学では「同じものでも場所によって値段が変わる」ということさえ認識されていなかったというのは驚きです。

リチャード・セイラーは、物の価値は時と場合によって大きく違ってくるということを証明しようといくつかの実験をしました。

そのうちの一つにこういう実験があります。

女性たちに対して次のような問いをしたのです。

「あなたはある劇を見るために、劇場に行きました。そして入場するときに160ドルの前売りチケットをなくしたことに気付きました。あなたはこのとき、チケットを再購入しますか？」

この問いに対して、90％の女性が、再購入はしないと答えました。

次にこういう問いをしました。

「あなたはある劇を見るために、劇場に行きました。そして窓口で160ドルの前売りチケットを購入しようとしたときに、財布の中の160ドルがなくなっていたことに気付きました。あなたはチケットを購入しますか？」

どちらも「160ドル」の価値があるが
状況によって価値の感じ方が違ってくる

この問いに対して、90％の女性が、カードなどの方法を使ってチケットを購入すると答えたのです。

同じように劇の入場券に関する160ドルを紛失したにもかかわらず、ちょっと状況が違うだけで、対応の仕方が真逆になるのです。

最初のケースは、「チケットをなくした」ので、もう一度購入すると「チケットに2倍のお金を払う」ような気持ちになるけれど、2番目のケースはチケットをなくしたわけではないので、チケットに2倍のお金を払うというような心理状態にはならなかったのではないか、とリチャードは結論づけています。

リチャード・セイラーは、これらの実験により、「人は心の家計簿というような特殊な金銭計算をしている」ということを提唱しました。

同じような物（サービス）であっても、時と場合によっては「高い」と感じるときもあれば「安い」と感じる時もあるということです。

●お金の価値も時と場合によって違ってくる

リチャード・セイラーは、物の値段だけではなく、お金の価値も時と場合によって違ってくると述べています。

たとえば、「ギャンブルで得たお金は、ギャンブルに費消されてしまう傾向が強い」ということが、これまでに実証されています。これを引き合いにだして、「お金は時と場合によって、大事にされるときとされないときがある」と述べています。

これも、社会的には以前から知られていたことでもあります。日本でも昔から「悪銭身に付かず」という諺《ことわざ》があります。これは、ギャンブルなどの「悪い方法」で得たお金は、無駄に使ってしまったりしてすぐになくなってしまう、という意味です。

●リチャード・セイラーは〝相田みつを〟のファン

ちなみに、ナッジ理論の提唱者であるリチャード・セイラーは日本の詩人「相田みつを」のファンだそうです。

日本のメディアによるインタビューの中で、日本を訪問した時にたまたま相田みつをの展覧会を見て、好きになったと述べています。リチャード・セイラーの研究室のドアに相田みつをの「そのうち　そのうち　べんかいしながら日がくれる」という詩が貼ってあるそうです。

「相田みつを」は人の弱さ愚かさを素直に見つめた詩人です。そういう点で、リチャード・セイラーと共鳴する部分があったのかもしれません。

【経済理論№09】

自信過剰の法則

～ほとんどの人は自信過剰である～

「人のほとんどは客観的な数値よりも、自分の評価を高く見積もっている」

これは古くから言われてきた「人類の性質」のようなもので、誰もが思い当たる節があるものと思われます。

この「人類の常識」のような理論を、近年の行動経済学で実証する試みが行われるようになりました。統計実験などで「人はどれだけ自信過剰か」ということが数値的に示されるようになったのです。

たとえば、前項でご紹介したノーベル賞学者のリチャード・セイラーは、自分の大

成績の自己評価は実際の成績より高くなる

学の研究室に入ってくる学生に対し、「自分の成績は何位くらいに入るか」というアンケート調査を行っています。成績分布を「上位10%」「下位10%」などに分け、自分がどこに入るのかをチェックしてもらうのです。

その結果、中央値以下にチェックした学生は、5%以下だったそうです。そして、半数の学生が上位20%以上に入る階層にチェックをしているのです。

もちろん現実には、中央値以下に入る学生は50%いるわけです。だから中央値以下に入る階層にチェックしていない45%の学生は自分を過大評価していることになります。

上位20％以上に入れる学生も20％だけです。だから上位にチェックした30％の学生は、自分を過剰に高く評価していることになります。

●ドライバーの90％は優良運転手？

またスウェーデンの調査では、「あなたは自分の自動車運転技術が高いと思うか？」という質問に対し90％以上の人が、イエスと答えました。

車の運転をしたことがある人ならば、この答えには絶対に首をかしげるはずです。ドライバーの大半は、「街中で運転している車のほとんどは、運転技術が平均か、それ以下だと思っている」はずだからです。

つまり、ほとんどのドライバーは、「自分は運転技術が高いけれど、他人は運転技術が低い」と考えているのです。

これに似た統計は、世界中でいくつも見られます。

人は思っている以上に自信過剰な生き物であることがわかってきたのです。

日本では、芸能人自身が芸能界の中でどういう位置にいるか、といういわゆる「格付け」的な番組がけっこう見られます。その際にも、ほとんどの芸能人が世間から評価されている位置よりも、自分は上の位置にいると判断していることが多いものです。

●人間関係において重要な法則

この法則は自分への戒めになると共に、人間関係を築いていく上で重要なポイントにもなるでしょう。

自分に対しては、「自分が評価しているよりも、実際の評価は低い」ということを念じておくべきです。

他人に対しては、「この人は、自分自身のことを実際よりも高く評価している」ということを念頭に置いて付き合うべきでしょう。そうしないと、相手のプライドを思わぬところで傷つけてしまったりするからです。

【経済理論№10】

アイエンガー商品選択の法則

～品揃えが多すぎるとかえって売上げが減る～

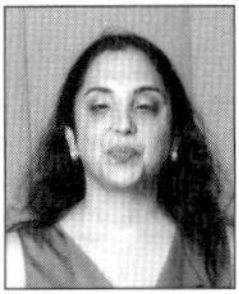

シーナ・アイエンガー（1969-）

「たくさんの種類のジャムを置くより、数種類のジャムを置いた方が売上げは伸びる」

商店の経営者は、売上げを増やそうと思ったとき、一つの方法として品揃えを増やすということを考えるはずです。

が、昨今の行動経済学の研究では、「品揃えが少ない方が売上げが伸びる」ということが判明しているのです。

普通に考えれば、商品の種類がたくさんあった方が購買意欲を掻き立てられるように思われます。それまでの経済学、経営学でもそう考えられてきました。

しかし1995年に、コロンビア大学のシーナ・アイエンガー教授がある実験を行い、それとは逆の結果が出されたのです。

その実験とは、高級食品店の試食コーナーで、24種類のジャムを並べたときと6種類のジャムを並べたときでは、どちらの方が売上げが多いかを調べるというものでした。

この実験は「選択肢が多い方が売上げが増える」ということを証明してほしいという、商店主の要望により行われたものです。

アイエンガー教授も、実験の前は、品揃えの多い方が売上げも良いだろうと思っていましたが、結果は予想に反して、品揃えの少ない方が多い方よりも10倍以上売上げが多かったのです。

この実験により、商品の種類が多いからといって必ずしも売上げにつながることはないということがわかったのです。売上げを伸ばすためにはやたらと商品を置くよりも、商品の絞り込みが重要になることもある、ということなのです。

そのため、このアイエンガーの「商品選択の法則」は「ジャムの法則」とも呼ばれています。

この研究結果が発表されて以来、それを実践に移す企業もたくさん現れました。ある大手日用品メーカーは、シャンプーを26種類から15種類に減らしたところ、売上げが約1割アップしました。

●「選択のない家庭」に生まれたアイエンガー教授

この「商品選択の法則」を発表したシーナ・アイエンガーは1969年生まれのインド系アメリカ人の女性です。

両親はインド人でしたが、アイエンガーが生まれる直前にカナダに移住しました。そして、アイエンガーが3歳のときにアメリカに渡りました。

そして、アイエンガーは3歳のときに眼の病気が発見され、高校生の頃に失明します。

両親はアメリカン・ドリームを夢見て、インドから移住してきましたが、敬虔なシーク教徒でもありました。シーク教徒というのは親の言う事が絶対であり、結婚も親が決めるのが当たり前でした。またシーク教徒は服装などにも強い制限がありました。

特に女の子の場合は、肌を見せる服装などは厳禁とされましたし、仕事に就くこともほとんどありませんでした。

つまり、アイエンガーは、「選択の余地が非常に少ない境遇」で生まれ育ったのです。しかし、就学年齢になると、普通のアメリカの公立学校に通ったために、「アメリカ人の選択の自由さ」に触れ、「選択」というものについて強い関心を持つようになりました。

そしてペンシルバニア大学に進学して以降、30年以上にわたって「選択」について研究してきました。

●実は人は「選ぶこと」が得意ではない

アイエンガー教授は、その代表的な著書『選択の科学』の中で、他にも興味深い実験データを提示しています。複数の人に「いろんな形の図形を大きい順に並べてもらう」という実験をしたとき、実験の個体数が7個以下のときはみな正確に並べられたのに、それ以上になると途端に間違いが多くなったということです。

選択肢が少ない方が「選ぶ」行動をとりやすい

またこれと似たような実験を行なった場合、人は5個から9個までのアイテムであれば、正確に順序付けができるけれど、それ以上になると間違う確率が格段に上がるということです。

つまり、人は実は「たくさんの選択肢の中から一番いい物を選ぶ」ということが、あまり得意ではないようなのです。

だから、商品をあらかじめ絞り込んで、比較対象をわかりやすくした方が購買意欲が高まるということです。

●すべての商品に当てはまる法則ではない

ただし、これはすべてのビジネスに共通するモノではないと思われます。種類が多くないと商売にならない分野も多々あるからです。

たとえば書店やＣＤショップなどで品揃えが少なければ、客足は遠のいてしまいます。またファッションの分野、洋服やアクセサリーでも、品揃えはある程度ないと成り立たないでしょう。

趣味やファッションというのは、「選ぶこと」自体が大きな楽しみになっているので、ここで商品の種類を絞り込んでしまえば、命取りになるでしょう。

つまり「アイエンガー商品選択の法則」は選ぶこと自体があまり重要ではない商品において成り立つものです。客がより自分の嗜好にあったものを欲する商品については、通用しないものと思われます。

●人は「選択による失敗」を嫌うもの

その後、アイエンガー教授はさらに、この法則が投資額がもっと多い事例にも当てはまるかどうかの実験も行っています。

それは、647社の企業で働く約80万人に、401k（アメリカの確定拠出型年金制度）の投資選択肢を2種類と59種類にした場合を選択させ、比較するというものでした。

すると結果は、選択肢が2種類への加入は75％、59種類への加入は60％だったのです。

つまり、人は多くの選択肢を与えられると、余計に不安感が募り物事を判断することに慎重になるのです。

では、なぜそうなってしまうのでしょうか？

それは、たくさんの選択肢があると、人によっては必要以上に精神的負担を感じてしまう場合があるからです。そして、間違った選択をしたことで後悔することを嫌がるからだと、アイエンガー教授は分析しています。

客が選ぶことにあまり慣れていない商品、あまり選ぶことを欲していない商品については、店側が商品を絞って品揃えを少なくした方が、客は買いやすい、ということです。

【経済理論No.11】

プロスペクト理論
～人は儲けよりも損失を重要視する～

ダニエル・カーネマン（1934-）

「人は100円儲けることよりも、100円損することの方を恐れる」

これは「損失回避の法則」とよばれるもので、心理学者のダニエル・カーネマンらによって発表された「プロスペクト理論」で述べられています。

普通、同じ金額のお金を儲けるか、損するか、という話になれば、関心度は変わらないようにも思われます。しかし人は心理的に損の方に重きを置きがちだというのが、この理論です。

ダニエル・カーネマンは、その著書『ファスト&スロー』の中で次のようなことを

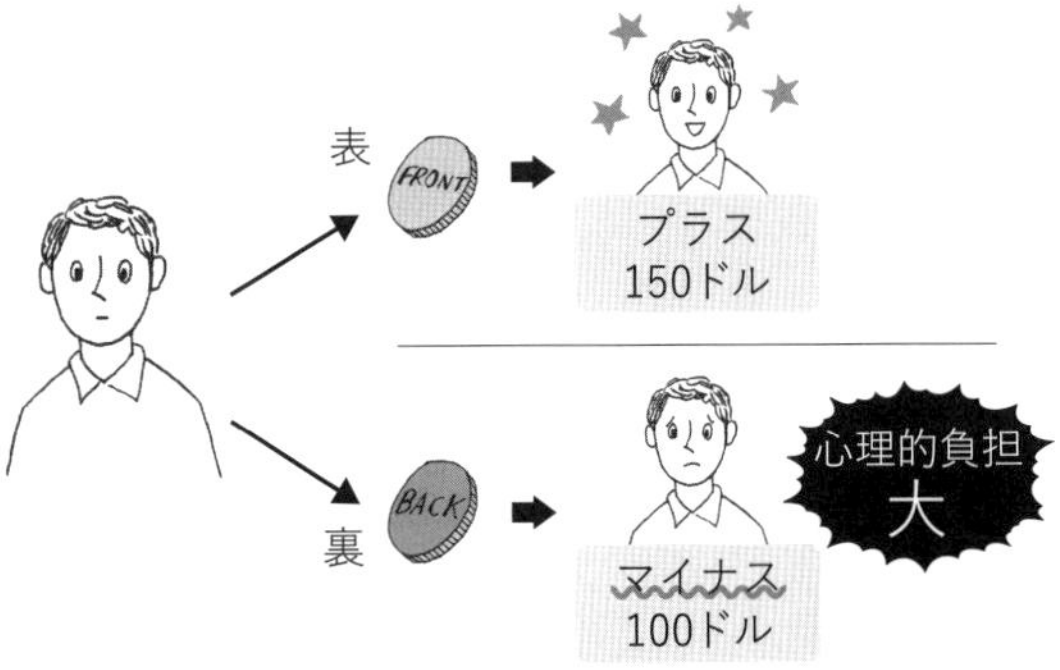

人は得することよりも損することの方を嫌がる

述べています。
「コインの表が出たら１５０ドルもらえる、コインの裏が出たら１００ドル払わなければならない」というギャンブルに誘われた時、多くの人はそれを断る。それは人は儲かることよりも、損をすることの方を嫌がるからである。

確かに統計学的な損と得を考えた場合、このギャンブルは、得になるはずです。裏が出るか、表が出るかは50%ずつの可能性であり、表が出た時の〝賞金〟は裏が出たときの〝罰金〟よりもかなり多いのです。

しかし、ほとんどの人は、１５０ドルを得ることよりも、１００ドルを支払う危険性の方を重要視するわけです。

人の生活や、社会のあらゆる局面で、この「損失回避の法則」を見ることができます。

たとえば、投資をする人よりも、保険を掛ける人の方がはるかに多いのです。

また投資をして1000万円儲ける確率と、交通事故に遭って1000万円の保険が下りる確率が同じだったとした場合、ほとんどの人は保険の方を掛けるはずです。投資で1000万円もらえる儲け話よりも、交通事故に遭ったときの損失の方が、心理的負担が大きいからです。1000万円得をすれば今の生活がよくなることになりますが、1000万円損する場合は、今の生活が壊されてしまいます。人は生活がよくなることよりも、今の生活を守ることの方を優先するということです。

●心理学と経済学をミックスさせたダニエル・カーネマン

このプロスペクト理論を提唱したダニエル・カーネマンは、1934年生まれのイスラエルの認知心理学者です。ヘブライ大学で心理学と数学を専攻し、卒業後、イスラエル国防軍心理学部門に勤務しました。その後、ヘブライ大学などで教鞭をとり、アメリカのプリンストン大学の教授になりました。

経済学に心理学を取り入れた「プロスペクト理論」を提唱し、2002年に心理学者であるにもかかわらずノーベル経済学賞を受賞しました。

経済学と心理学をミックスさせた行動経済学は、現在の経済学の主流になりつつありますが、その先鞭《せんべん》をつけたのがこのダニエル・カーネマンといえます。

●人は自分が保有しているものに大きな価値を感じる

ダニエル・カーネマンらの研究チームは、ほかにも興味深い心理実験をいくつも行っています。

その一つに、現状維持バイアスの実験というものがあります。

カーネマンらの研究チームは、学生を使ってある実験を行いました。半分の学生にはマグカップを無料で与え、半分の学生には与えませんでした。

そして、カップを与えられた学生にはいくらだったらそのマグカップを売るかと質問し、カップを与えられなかった学生にいくらだったらマグカップを買うかと質問したのです。

すると、カップを持っている学生が市場価格よりもかなり高い売価を提示し、カップを持っていない学生は市場価格と同じくらいの買価を提示しました。

この実験により、カーネマンらは、マグカップを持っている学生は、「マグカップを持っている」という現状を変えることに負担を感じるためにこれを手放したがらず、市場価格よりも高く提示したのだと結論づけています。

もちろんこの実験は、学生がマグカップをどれだけ欲しているか、マグカップに商品としての魅力があるか、ということも結果を左右するでしょう。が、人は自分が手にしたものに対しては、より高い価値をつけたがるというのは、間違いないことだと思われます。

【経済理論No.12】
ハロー効果
～最初の強い印象で全体の印象が決められる～

エドワード・L・ソーンダイク
（1874-1949）

「人は最初に良いイメージを持ったものに対して、ずっと良いイメージを持ち続ける傾向にある」

これは「ハロー効果」と呼ばれるもので、最初に強く受けたイメージに引きずられてしまう、という心理のことです。ハロー（HALO）というのは、神様などの絵でバックに描かれる後光のことです。

この「ハロー効果」は心理学の世界などでは昔から言われていたことですが、心理学者エドワード・ソーンダイクが論文で初めて「ハロー効果」という言葉を記しま

した。

そして、この「ハロー効果」をプロスペクト理論のダニエル・カーネマンらが取り上げたことで、行動経済学での定番の理論となっています。

たとえば、ある大記録を打ち立てたプロ野球選手や、大発明をした科学者は、人格などもすべてが超一流のような印象を持たれてしまうというようなことです。

一流スポーツ選手や科学者にも、偏屈な人や人間的にはちょっとと思われる人もいるはずなのですが、最初に受けた偉業の大きさのイメージゆえにすべてが肯定されてしまうということです。

また逆にスキャンダルで有名になった人は、

その後もそのイメージに引きずられることになります。

これは、マスコミなどを見ていれば顕著です。

オリンピックでメダルを取った選手は、人間的にも素晴らしく、家族や友人もいい人ばかり、というような報道をされます。

また海外旅行に行った際にも、出会った現地の人に親切にされれば、その国は非常にいい国のように思いますし、盗難など嫌な思いをすれば、その国は非常に悪い国のように思ってしまいます。

当然のことながら、一つの現象だけですべてを判断すれば、事を見誤ります。しかし、人は得てして、最初に受けた強いイメージに引きずられがちなのです。

●ハロー効果はビジネスの世界では重要

これは、印象を与える側の教訓ともなり、印象を受ける側の教訓ともなります。

印象を与える側に立つときは、なるべく最初にいいイメージを与えるようにしなければなりませんし、人を評価するような立場になった場合、最初の強いイメージに引きずられないようにしなくてはなりません。

たとえば、仕事関係で人と会うときの初対面のイメージというのは、あとあとまで引きずることが多いものです。

だから取引先の人と会うときなどは、このハロー効果のことを念頭に置いておく必要があるでしょう。特に営業担当者などは、「最初のイメージがすごく大事」だということは心しておくべきでしょう。

●ハロー効果の弊害を防ぐには

次に印象を受ける側として、ハロー効果に惑わされると、公正な評価ができなくなるということを心しておくべきでしょう。人や企業などを評価するとき、最初の強いイメージに引きずられてしまうと、評価の客観性が失われてしまいます。

プロスペクト理論のダニエル・カーネマンは大学教授であり学生を評価する立場でしたが、このハロー効果に惑わされずに学生を評価する方法として次のようなことを述べています。

学生の論文を採点するときに、同じ学生の論文を二つ連続では見ないようにしている。最初の論文の出来がよければ、二つ目の論文は甘く評価しがちになり、その逆に最初の論文の出来が悪ければ二つ目の論文の評価は厳しくなるからだ。

（『ファスト&スロー』早川書房より著者の意訳）

これは社会生活すべてにおいて汎用性のある方法ではないかもしれませんが、考え方としては有効だといえるでしょう。人や企業を評価するような立場の人は様々な工夫をして、ハロー効果に惑わされずに公正な評価をしたいものです。

第3章

歴史を変えた経済理論

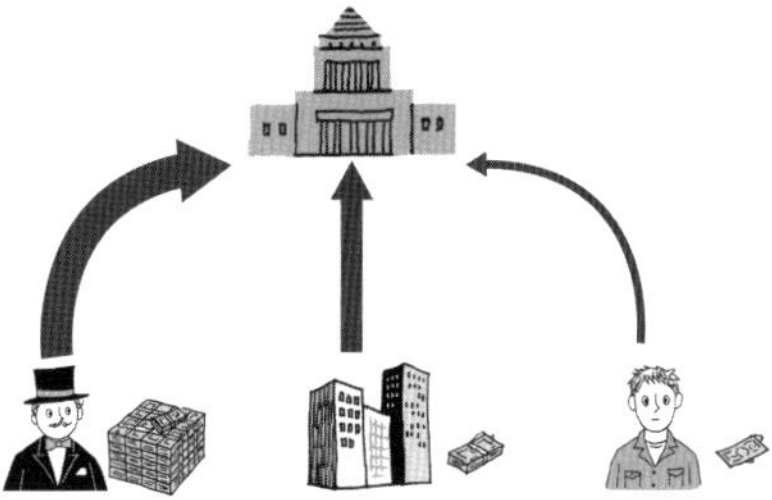

【経済理論No.13】

アダム・スミスの経済理論1

～"神の見えざる手"の本当の意味～

アダム・スミス
(1723-1790)

「人は自己の利益のために最大限の研究と努力をする。それが結果的に神の見えざる手に導かれて、いつの間にか社会の利益に貢献している」

これはかの有名な『国富論』の第4編第2章に載っている言葉です。

『国富論』とは、イギリスの倫理学者アダム・スミスが書いた経済学の古典です。経済学を学んだことがある人だけでなく、中学校以上の歴史の授業を真面目に受けていた人ならば、一度は耳にしたことがあるはずです。

世にいう「経済学」というものは、この『国富論』から始まったとさえいえます。

この『国富論』は、実は現代において大きく誤解されています。

『国富論』というと、「経済はすべて市場に任せるべき」という主張がなされているかのようなイメージを持たれています。

また、ここには冒頭に掲載したように「神の見えざる手」という有名な文言があります。

この「神の見えざる手」というフレーズだけを切り取って、『国富論』は「経済の自由放任主義を説いたもの」「すべて市場に任せておけば社会のためになるという論」という解釈をされがちです。

そして、昨今の強欲資本主義の信奉者たちは、アダム・スミスのこの「神の見えざる手」という言葉を引用することも多いです。「経済は自由にさえしていれば、社会は豊かになる」というのです。

しかし、それは『国富論』の本来の主旨からはかなり逸脱しているのです。

「神の見えざる手」という言葉は、国が特定の企業に権益を与えて「独占状態」を生み出すことについて批判した文章の中で述べられているのです。

18世紀当時のヨーロッパでは、国家が特定の企業に独占権益を与えるというようなことがよく行われていました。特定の商人の便宜を図るために補助金を出したり、独占権益を与えたりすることが多かったのです。イギリス政府も「国のため」「社会のため」という言い訳を使い、「独占貿易」や「輸入規制」をしてきました。

有名なところでは、東インド会社などがあります。

東インド会社というのは、東インドに持っている植民地の貿易を独占していた会社です。この東インド会社は、オランダにもありましたし、イギリスにもありました。ヨーロッパ諸国は、特定企業に独占貿易権を与えることで、他国が入ってくるのを阻止しようとしたのです。

植民地で獲れる資源や農産物などは、すべてその企業が独占しました。その上、植民地に居住している人たちが欧米の産品を購入する時は、その企業から買わなければなりませんでした。

これは、「自国の権益を守っているようで決してそうではない」とアダム・スミスは述べています。

植民地の産品は特定の企業が独占しているので、価格は非常に高く設定されています。国民がそれを買う場合、非常に高い価格で購入しなければなりません。その結果、国の富が特定企業に偏ることになり、国の生産性を上げる事にはつながらない、ということなのです。

企業側から見れば、「独占」ほど美味しい状態はないわけです。競争相手がいないから、自分の利益が脅かされる心配はないのです。しかも、その商品を売っているのは自分だけなので、価格も自由に決められます。

つまり、必ず売れる商品を高い価格で売ることができるわけで、もっとも効率的に利潤が得られるのです。

だから、古今東西の企業は、「独占」を目指しました。

そして、企業が独占状態を獲得する方法として、もっともオーソドックスに用いられてきたのが、国や役人と結託するという手法です。法律や規制などにより、公的に「独占」を認めてもらうのです。

アダム・スミスはこれを強く批判しました。そして、「神の見えざる手」という言葉もその文脈の中で語られているのです。

国家が経済活動に加担してはならない、国家が特定の企業に独占権益を与えるようなことがあってはならない、と。

●経済において「独占」は絶対悪である

『国富論』では、「独占は絶対悪だ」ということが繰り返し述べられています。

商人というのは、ありとあらゆる手を使って独占を目指すものですが、独占を許してしまうと経済社会全体が大きな打撃を受けてしまうということです。

たとえば『国富論』には次のような記述もあります。

「独占は経済社会に大きな害悪をもたらすが、独占を撤廃するのはユートピアを建設するほど難しい。せめて新しい独占をつくらないようにしなければならない」

「独占価格は、市場においてもっとも高い価格となる。逆に自由競争価格は、市場において、もっとも低い価格に近いところになる」

アダム・スミスは、独占を撤廃することがいかに難しいかということも認識していました。

「独占権を持っている者たちが、多少でもその権利を削り取ろうとされれば、あらゆ

神の見えざる手

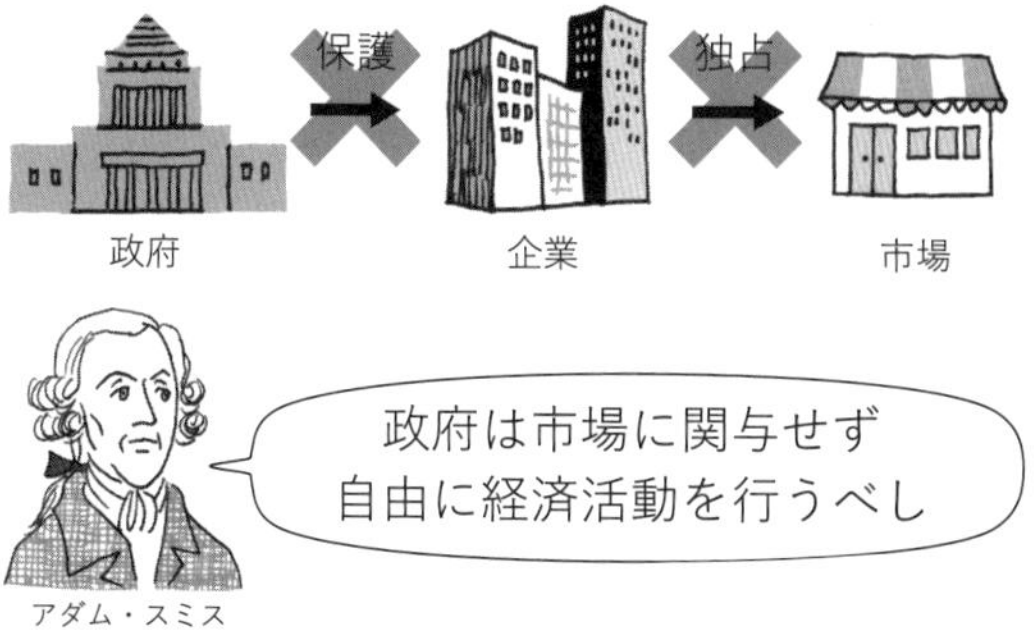

る過激な抵抗を試みる」

「独占権を少しでも侵害するような法案を提出した議員は、関係者たちから激しい誹謗中傷を受け、身の危険さえ危うくなる」

というのです。

そのため彼は、「独占権益を減らすことができないのであれば、せめて今後は新しい独占権益をつくらないことだ」と説いているのです。

当時のイギリスやヨーロッパの社会というのは、現在よりもはるかに人権への配慮や法整備などは後《おく》れていましたし、政府や企業に対する監視の目も緩いものでした。だから、「政府と私企業が結託して暴利を貪る」というようなことに関して、国民はあまり対抗手段を持っていませんでした。

だからアダム・スミスは「政府は経済に関与するな」「市場は自由にさせておけ」と主張したのです。かといって、アダム・スミスは「何もかも自由にしておけばすべてうまくいく」などと述べたわけではありません。『国富論』では、貿易や労使関係について、様々な規制や規律が提示されています。

●アダム・スミスは経済学者ではなく道徳学者だった

『国富論』を書いたアダム・スミスは、1723年にスコットランドのファイフに生まれました。父親は法律家であり、スコットランド軍事裁判所の参事官を務めたり、関税の官吏に就いたこともありました。スコットランドでは、かなりのエリートといえるでしょう。

アダム・スミスはスコットランドのグラスゴー大学で学んだ後、名門オックスフォード大学のベイリオル・カレッジに奨学生として入ります。しかし、アダム・スミスはオックスフォード大学の保守的な閉鎖性に辟易《へきえき》し、卒業を待たず帰郷します。

アダム・スミスがスコットランド出身だったということが、実はアダム・スミスの思考に大きな影響を与えたようです。中世のスコットランドは独立した国でしたが、アダム・スミスが生まれる直前の1707年にイングランドに統合されます。アダム・スミスは、このイングランドの統合について「貴族の大地主が支配していたスコットランドを解放し社会を活性化させた」と評価しています。

その一方で、アダム・スミスはスコットランド出身ということで、大学時代は差別をされたようなのです。彼が、イギリスの良い面、悪い面を冷静に分析する、という手法を身に着けたのも、スコットランドに生まれ、イングランドに遊学したという境遇が大きく関係しているものと思われます。

故郷に戻ったアダム・スミスは、文学や倫理学の公開講座などを行いました。アダム・スミスは話の面白い人だったらしく、この公開講座の評判は非常によかったようです。その影響もあってか、1751年には母校であるグラスゴー大学に迎え入れられ、翌年に道徳哲学の教授となります。

そして1759年、『道徳感情論』という本を出版します。

この『道徳感情論』は人の感情が社会に及ぼす影響などを丁寧に分析した、心理学の原型ともいえるような本です。共感や憐憫《れんびん》の情がいかに人間社会のバランスを取るのに役立っているのかを説いたものでもあります。

アダム・スミスは「共感」や「憐憫の情」というのは、宗教的に押し付けられる「高尚な義務」ではなく、人々が自分の社会を守るための大事なスキームである、ということを述べたのです。この『道徳感情論』という本は大成功を収め、アダム・スミスは一躍著名人になりました。

そして、『道徳感情論』の17年後、『国富論』を出版するのです。

『国富論』は、『道徳感情論』よりもさらに大きな成功を収めたため、『道徳感情論』の印象はすっかり薄いものになってしまいました。

そして、『国富論』が彼の代名詞ともなったのです。

【経済理論No.14】

アダム・スミスの経済理論2

～最下層の人々が豊かであることが最善の社会～

「下層の人々は、社会の大部分を占めている。社会の大部分の人々が豊かになることは、社会全体の隆盛と幸福のために欠かせないことである。そして、それは社会にとって公正なことでもある」

これは『国富論』の第1編第8章に載っている言葉です。

『国富論』の正式な名称は「An Inquiry into the Nature and Causes of the Wealth of Nations」です。直訳すると「国富の性質と原因の調査」ということになります。

『国富論』というのは、近年の経済学説のように一つの理論ですべてを説明しようとしているものではありません。当時の経済問題を一つ一つ取り上げ、それに対して各々の最善の処置を説いているものです。

そして一つの原理原則にこだわらず、柔軟に問題解決を図ろうとしているのも、『国富論』の特徴です。

たとえば国が特定の企業に権益を与えることについては「個人の自由な経済活動を尊重すべき」として強く批判し、その一方で労働者の賃金問題には、経営者にモラルを求めたりしているのです。

これらの中には一見、矛盾のように思われる部分もあります。しかし、経済問題というのは複雑なので、一つ一つの問題に対して、それぞれに合った解決方法を見つけ出すというのは、自然なことだともいえます。

むしろ複雑な経済問題を、ある単純な方法ですべてを解決しようとしてきた後年の経済学説の方が、よほど非現実的で矛盾をはらんでいるといえます。

そして『国富論』には、一つだけ全編に共通している原理原則があります。

それは、「国民全体が豊かにならなければ、国は豊かにならない」という原理原則です。このことについては、『国富論』では「最低限の常識」「当たり前の前提条件」として扱われています。

そして、『国富論』全体が「国民全体を豊かにするにはどうすればいいか」という主旨で書かれているのです。市場原理が大事だと述べているのも、この最終目的を果たすための便法の一つとして提示しているに過ぎないのです。

●「最低限のモラル」は大前提

『国富論』を理解する際に、まず念頭に置いておかなくてはならないのが、「最低限のモラルが守られることを前提に書かれている」ということです。

アダム・スミスは、確かに経済活動の自由を推奨していますが、何から何まで自由にしていいと言っているわけではありません。最低限のモラルは守った上で、ということです。

現在のようなモラルハザード的な資本主義を容認しているわけではないのです。

たとえば、『国富論』では、

「経営者と労働者では、必然的に経営者の方が強くなる」

「しかし経営者は労働者が家族を養えるだけの最低限のものは払わなくてはならない」

としています。

しかも、ここでいう「最低限のもの」というのは、「妻と子供2人を養える」という基準まで示されているのです。

また、妻は家の仕事があるので働き手として換算してはならない、そして当時はイギリスに限らず世界中で子供の死亡率が高かったので、子供4人分程度の生活費は必要かもしれない、とも記されています。

つまり、労働者の賃金については、市場の自由に任せるのではなく、経営者に対して最低限度の責任、モラルを求めているのです。そして、それについては大して深い理由も述べていません。つまり、アダム・スミスは「理由を言うまでもなく、それは当たり前の事」と捉えているのです。

さらに『国富論』では「労働者や下層の人々の報酬を増やすことが、なぜ社会を隆盛させ、幸福にするのか」についても具体的に説明されています。

「貧乏な家は子供をたくさんつくるが、子供を育てる環境が劣悪なので、大人になる

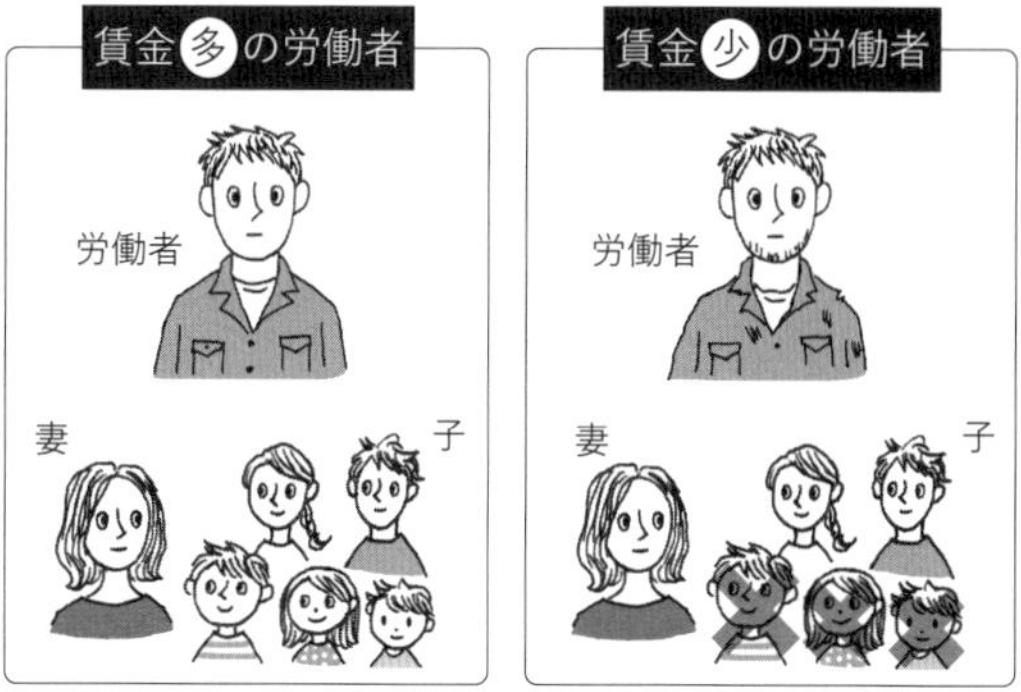

労働者が報酬をもらうことで子どもが育ち国が富む

まで生き残る者は非常に少ない。もし、貧乏な人が豊かな報酬をもらえば、子供は増える」

というわけです。

当時のイギリスでは、貧しい層の子供の死亡率が非常に高かったのです。

『国富論』では「スコットランドのハイランド地方では、母親は子供を20人くらい産むが、そのうち成人するのは2人もいない」と述べられています。この数値が正しいのかどうか、統計資料がないので確認することはできませんが、今と比べて相当、死亡率が高かったことは間違いないでしょう。

アダム・スミスは、この高い死亡率を引き下げるには、労働者の報酬を増やすことだと説いているのです。

そして、労働者の報酬を増やせば、人々を勤勉にさせる効果もあるとしています。

●産業革命の嵐の中で

『国富論』が刊行された1776年というのは、イギリスで産業革命が起こり始めたころです。しかし産業革命という言葉は、1800年以降に使われ始めたものであり、まだ国民の間で「産業革命が起こっている」という自覚はありませんでした。工場もそれなりに機械化が進んでいましたが、大工場などは出現しておらず、まだまだ零細の手工業が工業の中心でした。

だから、まだ一つの工場に勤務する人たちの数も少なく、「労働者」というより「職人」といったほうがいいような状態でした。

それでも、経営者と労働者の間では、賃金や労働条件を巡ってしばしば対立が起きていました。

また当時のイギリスでは、労働者が組合をつくったり、ストライキをすることなどは非合法とされていました。イギリスで労働組合が合法となったのは、１８２４年の団結禁止法の撤廃時のことであり、ストライキが合法となったのは、１８７１年に労働組合法が制定されてからのことなのです。

だから、労働者の賃金は、経営者の判断に任される部分が大きかったのです。

そして経営者たちの間には暗黙の了解のようなものが存在し、労働者の賃金を上げないように厳しい予防線を張っていたのです。

それに対してアダム・スミスは、「労働者が妻子を養うのに十分な賃金を払うのは経営者としての義務だ」と説いたのです。

【経済理論№15】

アダム・スミスの経済理論3

～税金はそれぞれの担税力に応じて負担すべし～

「あらゆる階層の人々が、それぞれの担税力に応じて納税すべきである。税は地代、利潤、賃金に対して課せられているが、このうちのどれか一つに偏ってはならない」

これは、『国富論』第5編第2章に載っている言葉です。

『国富論』では、税金に関しても意義深い提言をいくつも行っています。この「あらゆる階層の人々が担税力に応じた税を支払うべき」という言葉は、現代では、世界中で税の基本思想となっています。

アダム・スミスがここで言っている「地代、利潤、賃金」というのは、あらゆる階

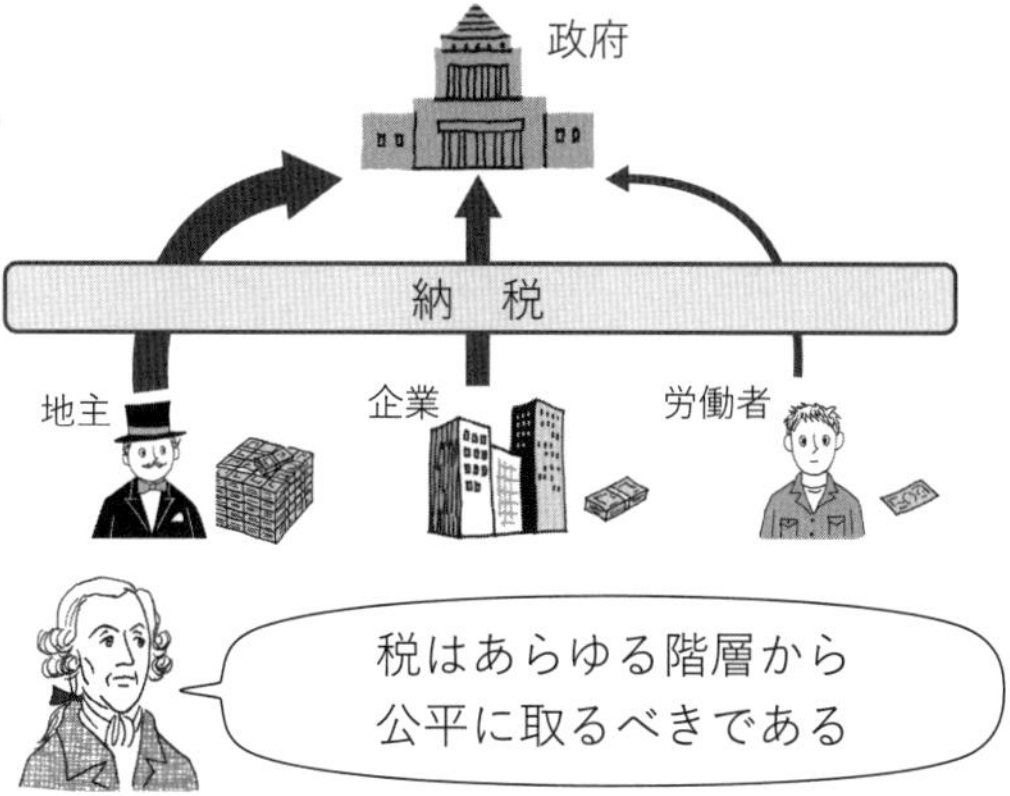

層の人々の得られる収入のすべてという意味です。当時は、この三つが主な収入だったからです。

地代は、土地や不動産の所有者が得られる収入のことであり、利潤というのは、事業家がその事業で得られる収益のことです。賃金は労働者が得られる収入のことです。

つまり、アダム・スミスは、「あらゆる階層から公平に税を取りなさい」と言っているわけです。

これは、古今東西のあらゆる国、地域で通用する考え方であり、またなかなか守られにくいルールでもあります。

『国富論』第５編第２章では税を課す場合

の基本ルールとして次の4つを挙げています。

・公平であること
・税金の決め方が明確であること
・納税しやすいこと
・徴税するためのコストが安いこと

「公平であること」というのは、国民が税の支払いに納得するためにまず第一に必要な事だといえます。

「税金の決め方が明確であること」というのは、税額の計算方法は明確に定められているべきで、誰かの恣意的な判断で税額が決められないようにすべき、という意味です。

「納税しやすいこと」というのは、納税者にお金がないときに無理やり徴収したり、納税者に不便な方法で徴収したりしてはならない、ということです。

「徴税するためのコストが安いこと」というのは、税務当局が税を徴収するときに、あまり費用をかけてはならない、ということです。

●日本の消費税は最悪の税金？

『国富論』の第5編第2章には次のようにも述べられています。

「生活必需品への課税は、あらゆる階層へダメージを与える。しかし、贅沢品への課税は経済社会への害はほとんどない」

生活必需品に課税すると庶民の生活を圧迫するという弊害が生じます。そのことをアダム・スミスは指摘しているのです。

だから、アダム・スミスは贅沢品に課税すべきだと述べているのです。贅沢品に課税しても、物価全体にはほとんど影響がないし、庶民の生活にもダメージはない。贅沢品は、価格が上がっても、買わないという選択肢があるからです。生活必需品には買わないという選択肢はありませんので、誰でもほぼ強制的に支払わされることになります。

ヨーロッパの間接税というのは、アダム・スミスのこの提言を組み入れており、贅沢品には高い税率が課せられ、生活必需品は低い税率だったり免税になったりしています。

しかし、日本の消費税は、どんな品目も原則として10%であり、食料品などには軽減税率が設けられましたが、それでもたかだか2%安いだけです。

日本の消費税のようにダイヤモンドにも米にもほぼ同じ税率がかかるような乱暴な間接税は、世界的に見ても珍しいのです。

こういう愚かな間接税は、アダム・スミスが指摘する通り、国民生活にダメージを与えます。日本経済は、バブル崩壊以降長い低迷期が続いています。

あまり顧みられることはありませんが、日本がこの長い低迷期に入ったのは、消費税が導入された直後のことなのです。「失われた30年は消費税が引き起こした」とまで言える根拠は持っていませんが、少なくとも消費税が日本経済によからぬ影響を与え続けたことは、間違いないといえるはずです。

【経済理論No.16】

資本主義とは何か？

～国が介入しない自由な経済活動～

ルイ・ブラン
（1811-1882）

「資本主義とは人々が自由に経済活動をすること」


我々は資本主義経済の中で生きています。

この資本主義とは、そもそもどういう経済システムのことを言うのでしょうか？

資本主義というのは、ざっくり言えば自由に商取引を行う経済社会のことです。中世から近現代にかけて自然発生的に普及した経済システムのことです。

ヨーロッパでは中世までは、国王や政府が経済社会に関与する度合いが強かったのですが、中世以降は段階的に市民が自由に経済活動を行えるようになっていきました。

そういう自由な経済社会のことを、資本主義と呼ぶようになったのです。

広義に捉えれば、古代から世界中の様々な国、地域が資本主義社会だったともいえます。というより、人類の歴史上、「商取引」というものが始まったころから資本主義社会は始まったともいえます。

しかし世界各地で国家が形作られ、政府が人々の暮らしに大きな影響力を持つようになると、政府が商取引を規制したり、独占したりするようになっていきました。

そして近代以降のヨーロッパでは市民革命の進行とともに、政府の規制を排除し、「国は不必要に経済に関与してはならない」という原則ができてきました。この経済活動の自由という原則が、現在、世界中に広まっている「資本主義経済」の根本原理なのです。

●なぜ「資本主義」という言葉が使われるようになったのか？

ところで自由な経済活動を意味するのに、なぜ〝資本主義〟という言葉が使われるようになったのでしょうか？

これにはちょっと微妙な経緯があります。

資本主義という言葉自体は昔からあり、以前は「資本を重視する経済思想」というような狭い意味で使われていました。

が、社会主義や共産主義が勃興したときに、社会主義者や共産主義者たちが、自分たちの目指す経済社会と現実の経済社会とを区別するために、現実の経済社会を指す言葉として使い始めたのです。

社会主義者たちがなぜ「資本主義」と呼んだかというと、産業革命以降の経済システムは「資本家が様々な事業に投資をし利潤を得ること」で回るようになったからです。

産業革命が起きたころ、経済社会に大きな変革の波が押し寄せました。

大規模な工場などを建設し、商品を大量生産する「産業革命」は、これまでのビジネスモデルを大きく変えました。以前の工業は、職人たちがコツコツと仕事をし、少しずつ産業が発展していましたが、産業革命以降は、金を持っている者が大規模な投資を行い、一気に産業を発展させるようになっていました。

必然的に、事業を行うには大きな資本力が必要となりました。

それと同時に「会社の仕組み」や「証券市場」などが整備されました。事業経営は

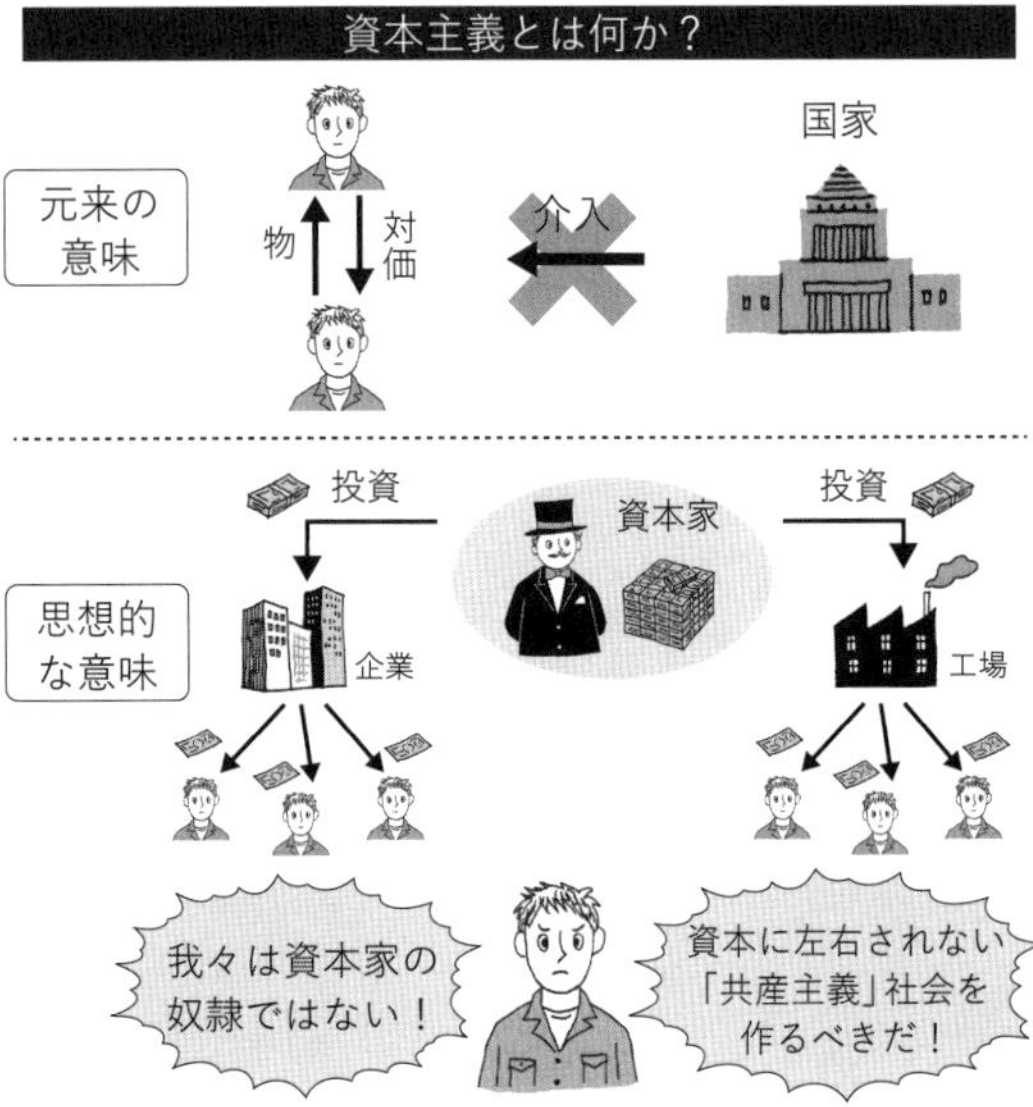

せずに投資をするだけの「投資家」という人々も生まれてきました。会社や証券の仕組み自体は古代からあったのですが、産業革命以降に急速に制度が整えられ、社会に普及したのです。

経済の中で、「資本」というものがより大きな意味を持つようになったのです。

それを見た社会主義者たちは、

「今の経済システムは資本を持っているものだけが潤う」

「市民の多くは資本家が事業

に投資をする過程で仕事をもらい賃金を得ているにすぎず、資本家の奴隷になっている」

として、今の経済システムを批判しました。

その批判の意味も込めて、今の経済システムを「資本主義」と呼んだのです。

そして、自分たちの主張する「社会主義」や「共産主義」は、「資本に左右されず、資本家ばかりが潤うものでもない、理想的な経済社会をつくれる」と標榜したのです。

「資本主義」という言葉を現代の用法で使い始めたのは、19世紀のフランスの社会主義者ルイ・ブランが最初だとされています。

が、現代の経済社会というのは、資本家が儲けることを目的としたシステムではなく、自由な経済活動をしているうちに今のシステムが形作られたものです。

だから、本来の意味で言うならば、現在の経済システムは資本主義経済ではなく「自由主義経済」というのが正しいともいえます。

ただ、現代の経済社会も「資本」が経済を動かしている大きな原動力であることは間違いないところであり、「資本主義」という表現もあながち間違いではないでしょう。

【経済理論No.17】
マルクス資本論
～労働者は必ず資本家から搾取される～

カール・マルクス
(1818-1883)

「資本家と労働者の関係では、資本家の方が圧倒的に強い。だから資本家というのは、必ず労働者から搾取しようとする。資本家の搾取をやめさせるためには、労働者が社会の中心にならなくてはならない」

これは共産主義の提唱者であるカール・マルクスの主張です。
共産主義というと、21世紀となった現代においては過去の遺物のように思われていま す。私たちは、ソ連や東欧の共産主義国家が、20世紀終盤に次々に崩壊していった経緯を知っています。だから共産主義が決して、優れた経済思想ではないと思っています。

しかし、19世紀にカール・マルクスが『資本論』や『共産党宣言』を著したとき、多くの知識人たちが共鳴したのです。

19世紀から20世紀前半にかけて、共産主義というのは、知識人の中ではブームになっていました。未だに日本の国立大学の経済学部などでは、共産主義を重要なテーマにしているところもあるほどです。

共産主義は、

「資本家から社会の富を取り戻し、労働者をはじめ国民全般に分配する」

「搾取されるものも搾取するものもいない平等な社会を実現する」

ということを標榜していました。資本主義社会に疲れた当時の人々にとっては、救いの言葉に思えたのです。

18世紀の産業革命以降、欧米の国々は、急速に繁栄しました。その一方で、深刻な矛盾も抱えていました。「貧富の格差」「失業」などが社会全体に生じたのです。

経済が急速に発展し、巨大な富を手にする資本家たちがいる一方で、過酷な工場労働などで大勢の労働者が苦しい生活を余儀なくされていました。

特に失業問題は深刻でした。産業革命以前、人々の職業はそれほど流動的ではあり

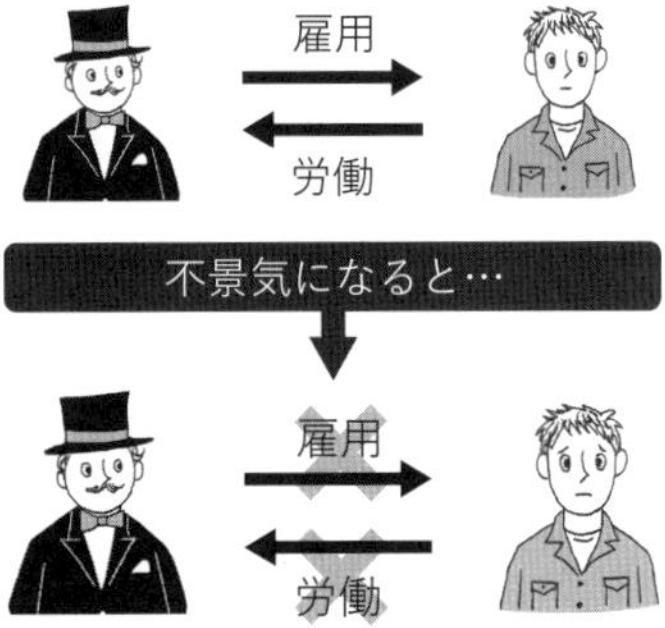

労働者は情勢によって突然「失業」し、
貧富の格差が社会問題になった

ませんでした。農業を中心に代々の家業を営む人が多かったのです。

しかし産業革命により工場で大勢の労働者が雇用されるようになりました。が、大勢の労働者たちは不景気により突然、職を失うことになります。大勢の人が路頭に迷います。

この「失業」は、産業革命以降の欧米社会の大きな社会問題となりました。

そこに登場してきたのが、共産主義という経済思想です。

●ユダヤ人の家に生まれたカール・マルクス

カール・マルクスは、１８１８年にドイツに生まれます。マルクスの生家は、ユダヤ人家庭でした。カール・マルクスが共産主義を唱えるようになった一つの要因に、彼がユダヤ人だったということもあると見られています。

カール・マルクスは、父の代でユダヤ教からキリスト教に改宗していますが、祖父はラビ（ユダヤ教の宗教的指導者）をしていました。また母もユダヤ人であり、家庭内はユダヤ教が支配的だったそうです。

ユダヤ人というと、「金儲けがうまい」というイメージがあります。さらに言えば、「金に汚い」というイメージも持たれることがあります。ユダヤ人は世界各地で迫害される一方、昔から金持ちが多かったのです。ユダヤ人は、長い間、自分たちの国を持たずに世界中を放浪していましたので、お金しか頼るものがなく、必然的に金儲けが巧みだったのです。産業革命後の資本家の中にも、ユダヤ人は少なからずいました。

カール・マルクスは、「ユダヤ人の思考を具現化したのが資本主義」だと語っています。彼が資本主義を否定し、共産主義を唱えたのも、ユダヤ人の金への執着に対する反発が一つの要因であるとも言われています。

マルクスの家もそれなりに裕福であり、彼は大学まで進学しています。

当時、フランス革命などの影響で、原始的な社会主義や共産主義の考え方が、知識人の間で広まっていました。

マルクスもその影響を受けて、共産主義に開眼したものと見られています。

●社会の問題点を鋭く指摘

「資本主義の世の中（ブルジョア経済）では、金持ちが自分の金をより増やすための行動で、経済が回っている」

「国民の9割以上は資本家に使われて搾取されるだけ」

「資本家の強欲さは際限がなくこの世界を征服しつくす」

マルクスは『資本論』『共産党宣言』で、こういう警句を発しています。この警句は、現代社会にもそのまま当てはまるような、鋭いものだといえます。

ですが、マルクスがこの問題を解決するために発した提案が、極端すぎたのです。

その提案というのが、いわゆる「共産主義革命」です。

共産主義というのは、ざっくり言えば、生活用品などを除いたすべての「私有財産を禁止」し、資本家が得ていた利潤を労働者の手に取り戻そう、利潤はすべて平等に配分しようというものです。

そして共産主義革命を起こすには「階級闘争しかない」、つまり武力革命を標榜したのです。

●共産主義の欠陥

20世紀初頭、マルクスの共産主義を具現化したソビエト連邦という国が誕生します。そして、このソ連は第二次世界大戦の戦果により東欧諸国を支配し、半世紀以上にわたって「共産主義圏」を維持します。

が、ご存知のように80年代の後半に、共産主義国家は相次いで崩壊します。

ソ連や東欧の共産主義諸国が崩壊したのは、経済の失敗が最大の原因です。共産主義というのは、経済面で非常に効率が悪かったのです。

共産主義経済の基本思想というのは「計画経済」でした。

「生産から消費までをすべて計画し、計画したとおりに実行する。その計画は、国民

「計画経済」においては考える必要すらない

の生活を維持するために、綿密に設計される。釘一本さえ、計画通りに生産し、消費する。そのため、国民は職を失う心配もないし、生活の心配をする必要もない」

これが共産主義の建前です。

しかし、事前に国家経済のすべてを予測し、生産と消費を計画通りに実行するなどというのは、不可能なことです。

ソ連や東欧諸国の企業（工場など）では、計画通りに生産することが最優先で求められました。というより、絶対に計画通りに行う義務がありました。それは、計画より少なくてもならないし、多くてもならないのです。もちろん、非常に不自由で非合理的にならざるをえません。

また計画経済というのは、各人の「創意工夫」というものがまったく生じません。産業の各分野の人たちは、計画通り、命令通りにやるだけです。「よりいい物を作る」「より効率的な方法を考える」ということが、不可能なのです。

当然、産業の発達は遅れます。だから共産主義国では何十年も前の型の自動車が、普通に走っていたのです。

●「すべてを平等にすること」は現実的に不可能だった

またソ連、東欧の共産主義国家が崩壊した大きな要因の一つが、「貧富の格差」でした。共産主義は、「すべての人が平等に富を分かち合える」という建前を持っていましたが、現実はそうならなかったのです。

崩壊直前のソ連において、平均月収は労働者で157ルーブル、農民で117ルーブルでした。しかし、労働者の平均所得の半額となる75ルーブル以下の最貧困層は3576万人もいたのです。ソ連の貧困層と最貧困層を含めた人数は、国民の35％だったという説もあります。

また年金生活者はさらに悲惨でした。年金受給者5600万人のうち、半数は50ルーブル以下の最貧困層だったのです。労働者の平均月収の三分の一以下です。その一方で、共産党幹部などの50万人は、月500ルーブル以上の年金をもらっていたようです。

しかも、このような格差は、自由競争の結果起きたものではありません。経済活動に様々な縛りがあり、自由で公正な競争が出来ない中で、コネがある者、不正を働く者が豊かになっていったのです。

人というのは、どうしても「他人より多く欲しがる生き物」のようです。だから、「みんな公平だよ」という原理原則を持っていたとしても、格差というのは生じてしまうのです。共産党の幹部だったり、共産党にコネがある者が美味しい思いをする一方、それ以外の者は苦汁をなめさせられることになりました。

自由主義国よりも、よほど不透明で納得しがたいものだったのです。

【経済理論No.18】

ケインズの経済理論１
～不況の時は政府が公共投資をすべし～

ジョン・メイナード・ケインズ
(1883-1946)

「不況の時は企業の投資が減り、企業の投資が減れば雇用も減り賃金も下がるという悪循環が生じる。それを断ち切るには、政府が公共投資を増やして人為的に社会全体の投資を増やさなくてはならない」

これは、有名なケインズの有効需要論です。

「不況の時は積極的に公共事業を行う」ということは、現在では普通に経済政策として用いられています。この経済理論をはじめに打ち出したのはケインズなのです。

ケインズ以前の経済学では、こういう考え方はまったく採られていませんでした。

ケインズ以前の経済理論では、「経済を安定させるためには自由放任がもっともいい」とされていたのです。

アダム・スミスの述べた「神の見えざる手」の理論は、いつの間にか拡大解釈され、人々が利を求めて自由に経済活動をしていれば、すべて丸くおさまるというふうに考えられるようになっていたのです。

失業問題についてもしかりです。

「雇用が減って失業が増えると、賃金が下がる」

「賃金が下がれば、雇用を増やす企業が出てくるので、自然に失業は解消する」

「失業がなくならないのは、失業者の勤労意欲がないから」

このように思われていたのです。

しかし、世界の経済の実態はこの理論通りにはいっていませんでした。

産業革命以降、欧米の経済は複雑化が進みました。そして失業者が増えた上に、それがいつまで経っても減らない、という状況も生まれてきました。働く意欲はあるのに、職を得られない人が大勢でてくるようになったのです。

そんな中ケインズは、「自由放任していても失業問題が自然に解消することはない」

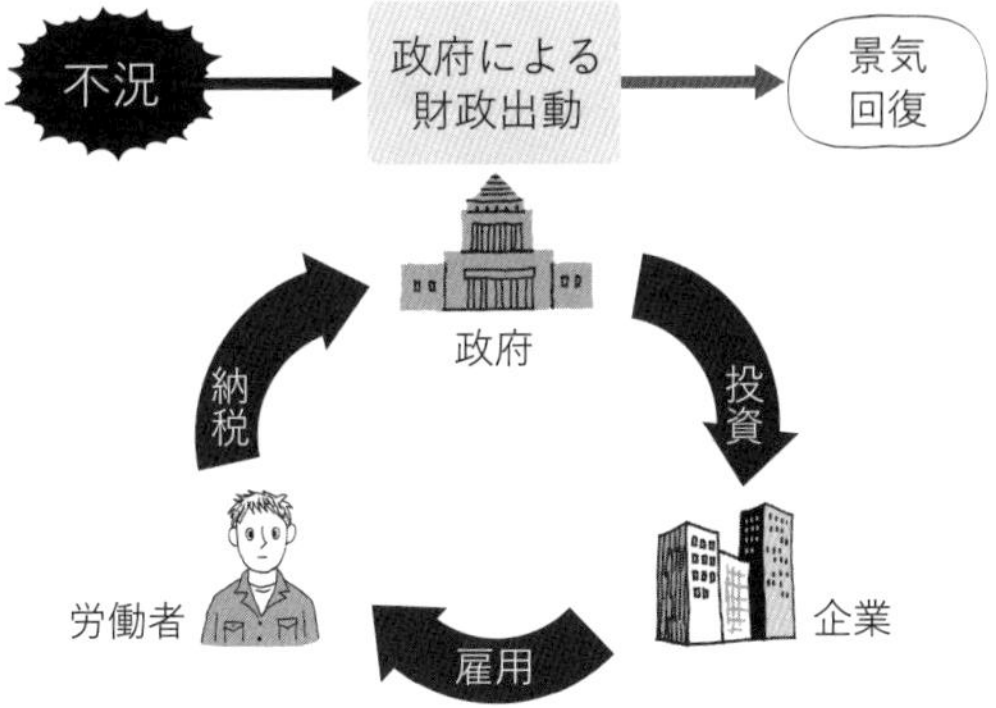

政府が財政出動して雇用を増やし経済を活発化させる

という考えを持つようになり「失業者が多い時には、国が投資をして有効需要を増やす」つまりは「国が人為的に失業者に職を与える」という経済理論を導き出したのです。

またケインズ以前の財政政策というのは、財政は均衡すべきであり、それが最上の財政政策という考え方が一般的でした。財政を赤字にすると通貨量が増えるのでインフレが起きて、経済が混乱する、というのがその理由です。

しかし、ケインズは、赤字財政と黒字財政を使い分ける「伸縮財政」という考え方を作りだしました。

これは、不況で経済が停滞し、失業が増加

している時には、政府が赤字になっても積極的に財政支出を行い、経済を活発化させる。そして好況のときには、インフレを防ぐために、黒字財政にする、というものです。

ケインズは失業が増えるよりも、失業を抑えてインフレになった方がいいと主張したのです。

●経済学者ではなく数学専攻の役人だったケインズ

ジョン・メイナード・ケインズは、１８８３年6月5日、イギリスの学術都市ケンブリッジの近郊で生まれました。父のジョン・ネヴィル・ケインズは、ケンブリッジ大学の経済学と論理学の講師をしていました。

ケインズは、イートン校からケンブリッジ大学という、イギリス特権階級の典型的なエリートコースを進みます。

ケインズは、ケンブリッジ大学では数学を専攻していました。

実はケインズは、大学において経済学を専攻したことはありません。経済学者のマーシャルの講義に出席していましたが、専攻していたのは数学だったのです。

しかも、マーシャルの講義は経済学を体系的に教授するものではなかったといわれています。これが後に、経済学の古典にこだわらない、新しい経済学説を打ち立てる要素になったのかもしれません。

ケインズは、ケンブリッジ大学卒業後の１９０６年、公務員試験を受けインド省に入省します。この試験では、インド省と大蔵省の２つのポストがありましたが、彼の成績では大蔵省には入れず、インド省になったのです。

父の友人であったマーシャルは、ケインズをケンブリッジ大学の経済学の講師として残そうとしますが、ケインズは経済学を専攻していたわけではないので、当時は無理だったようです。

ケインズは１９０６年から2年間インド省に勤務します。その間、経済学の研究につとめ、１９０８年に、ケンブリッジ大学の奨学生試験の論文を提出しました。この論文は通りませんでしたが、マーシャルが手を差し伸べ、１９０９年からケンブリッジ大学の経済学の講師となることが出来ました。

学者としては遠回りをした感はありますが、インド省勤務も決して無駄にはなりませんでした。インド省時代の経験から、ケインズは初めての著作『インドの通貨と金融』を1913年に出版しているからです。この本が認められ、政府のインド通貨問題を調査する委員の一員となり、やがて念願の大蔵省に入省することとなったのです。

ケインズは実務能力も非常に高く、1918年には、大蔵次官に次いで大蔵省ナンバー3の地位に上り詰めていました。官僚人生としても、十分すぎるほどの出世といっていいでしょう。ケインズは学術的な能力もさることながら、官僚としての実務にも長けていたのです。

第一次世界大戦後には、大蔵省の一員として、ドイツの賠償問題にも携わりました。このとき、「ドイツから絞り取れる限り絞り取れ」という国内世論を顧みず、ケインズは「無茶な賠償金は課すべきではない」と主張しました。

そのことを著した本『平和の経済的帰結』を1919年に出版し、これが大きな反響を呼びました。『平和の経済的帰結』の中でケインズは「ドイツにこのまま多額の賠償金を課せば、ドイツの通貨価値は必然的に急落し、激しいインフレ状態になるだろう」と述べています。そのケインズの警告通りに、1922年にドイツでハイパーインフレが起こるのです。

それ以来、ケインズはイギリスでもっとも影響力のある経済学者となりました。

しかし、ケインズの主張は、イギリス政府には取り入れられませんでした。そのことをきっかけにして、ケインズは大蔵省をやめてしまいます。

ケインズはその後、ケンブリッジの講師をしながら、自由党系の週刊誌「ネーション」などで、活発な言論活動を展開していきます。

1923年には『貨幣改革論』を著し、1924年には「ネーション」誌上において、「失業を減少させるためには、大規模な公共事業を行うべき」というケインズ理論の中核ともいえる思想を発表しています。

その後、1930年には『貨幣論』を、そして1936年にはケインズの経済思想の集大成ともいえる『雇用・利子および貨幣の一般理論』を発表しました。

●ケインズの経済理論は敗北したのか？

ケインズの経済理論は、その後の世界大恐慌以降、もてはやされることになります。

アメリカのニューディール政策は、ケインズ理論をもとに行われたとされています。

また第二次世界大戦後も、ケインズ理論は世界中の経済政策に影響を与えました。

ですが、1980年代になって、欧米各国は積極的な財政投資を行う「大きな政府」から、なるべく財政投資を減らす「小さな政府」に方向転換をしました。第二次世界大戦後の欧米諸国では、積極的な財政投資を行っても景気は良くならず、財政赤字ばかりが積み上がるという傾向が続いたからです。

これにより「ケインズ経済理論の敗北」などと言われることもありました。

しかし、その見方は正しくはありません。ケインズ経済理論というのは、「不況のときは」積極的な財政出動をしろと言っているものであり、のべつまくなしに積極的な財政投資を行なえとは言っていないのです。そしてケインズ経済理論が指している「不況」というのは、経済循環においての「不況期」のことです。

第二次世界大戦後の欧米諸国（特にアメリカ、イギリス）では、日本やドイツなどの経済台頭に押され、慢性的な不況が続いていました。そういう「慢性的な不況」に対して、常態的に巨額の財政投資を行っても景気浮遊の効果はありませんし、財政が悪化するばかりだというのは目に見えています。

近代に入って、アメリカ、イギリスはこのような長期間の慢性的な不況は経験していませんでした。だから、ケインズ経済理論では、そういう「慢性的な不況」についての対処法は述べられていません。

またケインズ自身も、１９４６年に亡くなっていますので、戦後の英仏の慢性的な不況というものを知りません。ケインズは、一つの理論に固執するというよりは、その時々の経済情勢に合わせて適切な対処法を提示するタイプの学者だったので、もし存命だったならば、慢性的な不況に対しては別の対処法を提示していたものと思われます。

●ケインズの経済理論と日本の公共事業の違い

日本では、80年代後半から90年代にかけて、景気対策として莫大な公共事業を行いましたが、あまり効果はありませんでした。だから、ケインズ理論は間違っているとする経済学者も多々います。

ですが、日本の公共事業政策は、ケインズ理論とはまったく違うものです。

まずケインズのいたイギリスと日本では、失業者というものの意味合いがかなり違います。イギリスでは、失業者に対しては、ほぼ必ず失業手当が支給されます。失業している間は、ずっと失業手当をもらえるのです。だから、失業者が増えることはすなわち、政府の失業手当の支出が増えることでもあるのです。

どうせ失業手当を払うくらいならば、公共のためになるような事業を行なって失業者を雇用し、失業手当ではなく賃金を払った方が社会的には得ではないか、という意味があるのです。

一方、日本では失業手当は、原則として労働者と会社の掛け金から支払われますので、国の支出はあまりありません。だから、日本では、「どうせ失業手当を出すくらいならば、公共のためになる事業をした方が」という理論はあてはまらないのです。

そしてより重要なのは、次の点です。

ケインズは「常態的」に「無駄な公共事業」をガンガンやれとは言っていないのです。「不景気のとき」に限って、「社会に有益な事業」をやれと言っているのです。

たとえば、1930年代の不況時には、ケインズは、スラム街の対策として貧困者向けの住宅建設や、公費による各家庭への電話敷設などを提案しています。当時はまだ電話が一般に普及していなかったので、国が公共事業として各家庭に電話を引けば、社会のためになるのではないか、ということです。

しかし、80年代、90年代の日本の公共事業は、数十年にもわたって無駄な事業をガンガンやっていました。四国と本州の間に３本も橋を架けたり、全国の各都道府県に飛行場を作ったり、誰も通らない地域に立派な道路を建設したりしていました。

公共事業というのは、利権が発生しやすく、また一度行うとそれがその地域やその事業者の既得権益となり、常態化してしまう危険性があります。だから、政治的にクリーンな国でないと、「公共事業で不況を脱する」という手法はなかなか使えないものでもあるのです。

【経済理論No.19】
ケインズの経済理論2
～不景気のときには金利を下げるべし～

「景気が悪くなったときには政府が金利を下げる」

今では、景気対策としては当たり前とされていることの経済理論も、ケインズが提唱したものです。

ケインズ以前の経済理論では、景気対策として金利を下げることは決して常道とはされていませんでした。金利を下げれば、年金生活者など金利で生活している人たちの収入が下がるからです。また金利を下げると銀行の収入が減ることになるので、銀行は金利を下げることを嫌がるのです。

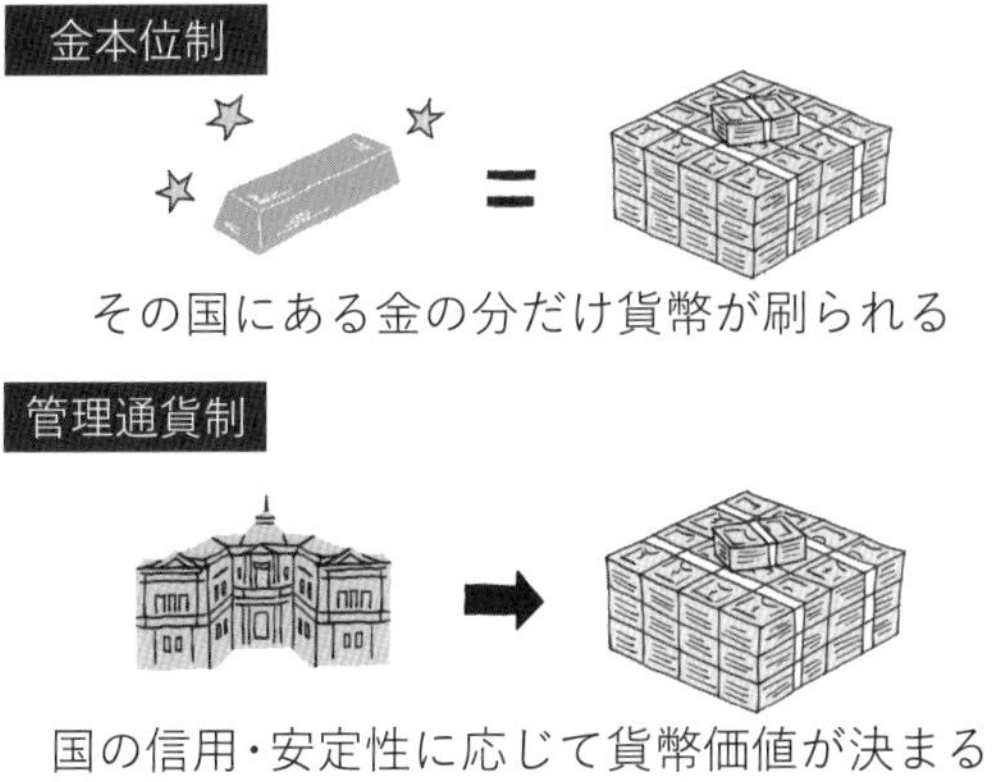

その国にある金の分だけ貨幣が刷られる

国の信用・安定性に応じて貨幣価値が決まる

しかしケインズは、「金利を下げれば、確かに年金生活者などにとっては不利になるが、それでも景気をよくして失業者をなくすことが先決である」として、金利を下げるべきだと主張したのです。

また金利を下げるのは、恒常的な話ではなく、不況期のときだけの話です。景気がよくなれば、インフレを抑制するために金利を上げるべきだとしたのです。

●金利だけじゃなく通貨も国家が管理すべき

またケインズは、金利だけではなく、通貨量自体を国家が管理すべきとも提言しました。

ケインズは第一次世界大戦後すぐに、金本位制をやめて管理通貨制に移行するように、イギリス政府に提言したのです。

「金本位制こそが最上の通貨政策」と信じられてきた当時の世界では、異端な方法でした。

イギリスは第一次世界大戦時に一時、金本位制を離れており、戦後に金本位制への復帰を目指していました。ケインズは、それを激しく批判したのです。

「政府のやろうとしている金本位制復帰は、投資家を優遇するばかりで、国民のことを考えていない」

ケインズはそう主張したのです。

当時、イギリスが金本位制に復帰すれば、資産家、投資家の資産は守られますが、労働者には多大な損害が出るようになっていました。ケインズはそれをもっとも懸念していたのです。

というのは、当時の経済状況でイギリスが戦前の平価で金本位制に復帰すれば、ポンドは現状よりも10％高く評価されます。

資産家（金持ち）にとっては、ポンドが高い方が自分の資産が目減りしないので有利となります。また資産家は、海外投資の際には、為替が安定することを何よりも望みます。金本位に復帰すれば、ポンドの価値は金に固定されるため、為替は安定するからです。

しかし、ポンドが高くなれば、輸出が振るわなくなって不況になり、賃金が下がったり、失業が増えて、労働者などが大きな害をこうむります。

つまり、金本位制に復帰して利益を得るのは資産家階級であり、労働者階級にとっては失業などで負担が増す、とケインズは分析したのです。だからケインズは、金本位制に復帰せず、国内の物価が安定するように国家が通貨を管理する「管理通貨制」を敷くように提言したのです。

しかしケインズの主張もむなしく、イギリスは1925年、戦前の平価で金本位制に復帰します。

このときケインズは政府を鋭く批判しました。

「ポンドが平価で金本位に復帰すれば、ポンドの今の実力よりもかなり割高になる。そうなると輸出品が打撃を受ける。輸出企業は輸出品の値段を下げるために、労働者の賃金を下げるかもしれない」

「しかし労働者は、賃金を下げられるいわれはない。労働者は、大蔵省やシティ（イギリス最大の金融街）の犠牲にされるいわれはないのだ」

そしてケインズの懸念したとおり、輸出業者は輸出品の値段を下げるために、労働者の賃金をカットしようとしました。特に炭鉱業では、大規模な賃金カットが行われようとしました。当時、石炭はイギリスにとって重要な輸出品でした。石炭は人件費の割合が非常に高いので、まっさきに人件費カットの対象となったのです。

この炭鉱業の賃金カットに対して、労働者側は激しく抵抗します。１９２６年、イギリス中の組合が総動員されたゼネストが行われました。

このゼネストは、イギリス史上もっとも激しいとされるものでした。

イギリスの知識人のほとんどは、共産主義への恐れからこのゼネストを批判しましたが、ケインズだけは労働者の援護の姿勢を崩しませんでした。

ただしケインズは労働組合が傾倒する共産主義思想には、まったく傾きませんでした。あくまで、金本位制の復帰と、賃金カットは不当である、ということで労働者に理解を示しただけです。

●ケインズのテーマは「失業をなくすこと」

見過ごされがちですが、ケインズの追究したテーマは「失業をなくすこと」でした。失業者が増えれば社会は混乱するし治安も悪化します。なによりも、失業者にとって失業というのは非常に不幸な状況です。それを解決したいというのは、ケインズのテーマでした。

ケインズの代表作である『雇用・利子および貨幣の一般理論』も、その最大のテーマは失業をどうすればなくせるか、ということであり、彼の著作のほとんどはこのテーマが挙げられているのです。

ケインズの時代、第一次世界大戦後のヨーロッパというのは、常に失業問題に悩まされてきました。世界大恐慌の大量失業を待つまでもなく、イギリスでもドイツでも、常時10％前後の失業者を抱えていたのです。

また当時の失業率10％というのは、現在の失業率とはかなり違います。

当時は、ヨーロッパでも女性の社会進出はそれほど進んでおらず、成年の女性は家にいることが多かったのです。職がない女性は失業者とみなしていませんでした。

つまり、当時の失業率というのは、男性の失業者だけの割合を示していたのです。しかも、この男性の失業者というのは一家で唯一の働き手である場合が多く、失業率というのは、そのまま食うに困っている国民の割合を示しているものでもあったのです。

金融危機、不況、インフレ、デフレが生じたとしても、失業者が出ず、食うに困る人が出ないならば、ほとんど問題にはなりません。つまり、金融危機、不況自体が問題なのではなく、失業が問題なのです。

ケインズは、そこをもっとも鋭く分析していた人なのです。

第二次世界大戦後の世界経済は、ケインズの提言に沿った動きをします。

世界中のほとんどの国が金本位制を諦め管理通貨制に移行しました。そして、不況になったときには、景気対策として金利の引き下げをし、景気がよくなれば金利を引き上げてインフレを抑制するということが普通に行われるようになったのです。

第4章

大人として知っておきたい経済理論

【経済理論No.20】

グレシャムの法則

～悪貨は良貨を駆逐する～

トーマス・グレシャム（1519-1579）

「以前よりも金銀の含有量を減らした金貨、銀貨を発行すれば、以前の金貨や銀貨は個人に退蔵され、含有量の低い新しい金貨、銀貨ばかりが世間に流通するようになる」

これは「悪貨は良貨を駆逐する」という文言で知られる「グレシャムの法則」です。16世紀のイギリスの財政家トーマス・グレシャムが提唱しました。

かつて貨幣は、金や銀などの貴金属でできていました。貨幣の価値はすなわち金銀などの貴金属としての価値だったのです。

最近でこそ「紙幣」がお金として流通していますが、つい100年ほど前までは、貴金属の硬貨がお金の主流だったのです。

なぜお金が貴金属だったかというと、お金が成り立つ条件に、貴金属が一番近かったからです。お金が社会で使用されるには、「誰もが価値を認める物であること」「持ち運びができるものであること」「十分に供給されること」といった条件が必要でした。が、「貴金属でつくられたお金」には、大きな問題がありました。それは「供給不足」の問題です。

経済活動が活発になるにつれて、お金の必要量が増大してきても、貴金属のお金というのは、そう簡単に大量増発はできません。国の貴金属の所有量には限りがあるからです。

また財政状況の悪い国は、貴金属もあまり持っていませんので、必然的に貨幣の発行量が少なくなってしまいます。

この「お金の供給不足」に関しては、古今東西の政府は、貴金属の品位を下げるというような方法で対応してきました。

しかし、貴金属の品位を下げると、前のお金との兼ね合いから、市場が混乱したり、極度なインフレになることも多かったのです。

金100%
同価値
なのか？
金60%
質の高い金貨は
手元に置いて
おきたい
質の低い方を
支払用に
使おう

皆が同じように考え、良貨は市場に出回らなくなる

たとえば以前の通貨は金が10グラム含まれていたのに、新しい通貨は金が6グラムしか含まれなくなったとします。すると、みな新しい通貨の信用性に疑問を抱きますし、古い通貨と新しい通貨を同額で交換したがらなくなります。

この「貨幣不足を金属品位の低下で補う」という手法は、古代ローマや中世ヨーロッパでも幾たびも行われ、そのたびに経済社会に混乱をもたらしてきました。

国は財政が苦しくなると、金や銀の純度が落ちた貨幣を鋳造し、それを、以前の純度の高い貨幣と同じ価値に設定して流通させました。

つまり、本当は、価値の下がっている通貨

を、下がっていないと言い張って無理やり流通させたのです。当然のことながら、以前の金貨は価値が高くなって市場に出回らなくなり、金の含有量の減った新しい金貨ばかりが市場に出回ることになります。

これが「悪貨は良貨を駆逐する」というグレシャムの法則です。

●アメリカで50セント硬貨が使われなくなった理由

「悪貨は良貨を駆逐する」という法則の典型的な例が、1960年代のアメリカで起きています。

以前はアメリカの50セント銀貨（コイン）は銀の含有量が90％でした。

しかし、1960年代半ばに銀相場が額面価格よりも上昇し、50セント銀貨をつくるのに50セント以上の製造コストがかかるようになりました。そのため、1965年に政府は銀の含有量を大幅に減らし、銀の含有量を40％にしたのです。

すると、銀が90％含まれていた以前の50セント硬貨はすぐに市場から姿を消し、銀40％の硬貨ばかりが出回るようになってしまったのです。前述したように多くの人が銀の含有量の多い50セント硬貨を手元に置き、価値の低いコインを支払いに使ったためです。

そして、法律で禁止されていたにもかかわらず、多くの旧50セント硬貨が溶解され、銀地金として売買されてしまったのです。

またその後、アメリカ政府は、銀をほとんど含有しない50セント硬貨を製造するようになりました。このため、銀40％の50セント硬貨も退蔵されるようになり、またそれがエスカレートして、50セント硬貨そのものが使われなくなってしまいました。

だから現在、アメリカでは50セント硬貨は製造されているにもかかわらず、日常的にはあまり使用されていません。自動販売機で50セント硬貨が使えるものもほとんどなく、銀行でさえ両替用の50セント硬貨を用意しているところは少ないのです。

【経済理論No.21】

マルサスの人口論
～食糧生産は人口の増加に追いつけなくなる～

トマス・ロバート・マルサス
(1766-1834)

「人口は幾何級数《きかきゅうすう》的に増加するが、食糧生産は算術級数的にしか増加できない。したがって、人口がこのまま増加すれば必ず食糧不足に陥る」

これは、トマス・ロバート・マルサスの提唱した「人口論」です。

マルサスは１７６６年にイギリスの牧師の家に生まれました。ケンブリッジ大学で学び学者の道に進みます。１７９８年に匿名で『人口論』を発表し、大きな反響を呼びました。

人口論では、幾何級数的、算術級数的などという難しい言葉が使われていますが、

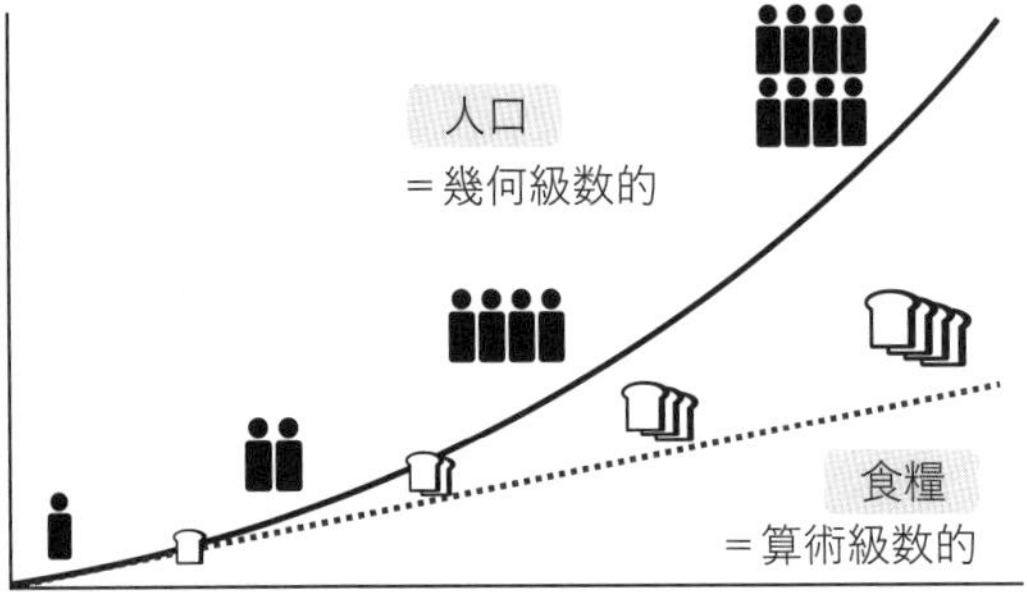

人口の増加に食糧生産が追い付かない

ざっくり言えば、食糧は足し算でしか増えないけれど、人口は掛け算で増えていくということです。

確かに人口というのは、「子供の数×子供の数」で増えていきます。しかし食糧生産は、土地などに限りがありますので、少しずつしか増えていきません。だから、人口が増え続ければ、食糧不足に陥ってしまう、ということです。

これは、当たり前と言えば、当たり前の話です。

なぜこの人口論が社会に大きな影響を与え、経済学説として重きをなしたかというと、当時の社会状況が影響しています。

『人口論』が執筆された当時、ヨーロッパは大きな変革の時期を迎えていました。

産業革命が始まりかけていたころであり、社会は豊かになっていこうとしていました。医学の発達により、ペストなどの疾病が検疫などで抑えられるようになっていました。だから、人々が大量に死亡するというようなことがなくなってきていたのです。

その一方で、まだ宗教が強い力を持っており、ヨーロッパ社会ではキリスト教の価値観が大きな影響力を持っていました。キリスト教では、「人はできる限りたくさんの子供を産むべき」という価値観を持っていました。だから、産児制限をすることなどはもってのほかという風潮があったのです。

牧師の家に生まれたマルサスは、普通の人以上に、そういうキリスト教の価値観を強く意識して生きていたはずです。そのため、このまま人口が増え続ければ、食糧が不足するはずという懸念を抱いたのでしょう。

この人口論は、当時のヨーロッパの人々に衝撃を与えました。確かに、マルサスの言う通り、データ的にみれば、このまま人口が増え続ければ食糧不足になることは間違いないのです。そのため、様々な解決方法が議論されることになりました。産児制限や計画出産という概念も、この人口論によって生じたといえます。

●現代世界にも影響力を与える人口論

マルサスの『人口論』は、当時のヨーロッパだけではなく、世界中に大きな反響を呼びました。日本でも、明治維新後、『人口論』は知識階級の間で広く読まれました。

現代社会にも、人口論は影響を与え続けています。

少子高齢社会の現代日本では、人口爆発や食糧危機に対しての問題意識が薄れていますが、つい半世紀前までは、日本では人口減よりも人口増の方を問題視していたのです。1980年代くらいまで「食糧危機」について、議論がなされていました。

今の日本がこれほど急激に少子高齢社会になったのも、一つには、日本ではつい最近まで人口増の方を問題視し、人口減はむしろ歓迎していたということにあります。

また隣国の韓国では、現在、日本以上に急激な少子化現象が起こっています。韓国も1970年代までは世界有数の多産国であり、韓国政府は人口抑制のために計画出産を奨励していました。そのため80年代以降に少子化になった後も、人口増の懸念が払しょくできずに、少子化対策を怠ってきました。そのこともあって、現在では合計特殊出生率（一人の女性が一生の間に何人の子供を産むか）が1を切るという世界最高レベルの少子化社会になってしまったのです。

日本、韓国だけではなく、中国の一人っ子政策をはじめ、東南アジア諸国の多くは、近代になって人口抑制政策をとってきました。その結果、中国、タイ、フィリピンなどで軒並み少子化が起きており、近い将来、少子高齢社会になることが判明していま す。人口論の脅しが効きすぎたということでしょうか。ただ、少子化現象は、高学歴化した社会では共通して見られるものであり、人口抑制政策だけが原因ではないでしょう。

また、世界全体で見れば少子化ではなく、爆発的な人口増加が今も進んでいます。現在の世界人口は約79億人であり、50年前と比べると倍増しています。２０５０年には97億人に達すると見られています。

だから、マルサスの警告はまだ解除されていないのです。

【経済理論№22】

リカードの比較優位理論

～貿易は他国より優位な品を輸出せよ～

デヴィッド・リカード（1772-1823）

「貿易は低コストでつくれる品を輸出し、自国でつくればコストが高くつくものを輸入すれば、国がもっとも潤う」

これは、イギリスの政治家、デヴィッド・リカードが提唱した「比較優位理論」です。この「比較優位理論」は、現在の国際貿易においても非常に大事な概念となっています。

デヴィッド・リカードは、この理論を当時のイギリスとポルトガルの生産物であるワインと毛織物を比較して、説明しています。

当時、イギリスでは輸出するほどのワインを生産するのは難しかったのですが、毛織物はそれに比べて容易に生産できていました。一方、ポルトガルではワインと毛織物の両方を、イギリスよりも低コストで生産できていました。

ポルトガルは両方の製品をイギリスよりも低コストで生産できているため、自国ですべて賄える状況だったのですが、余剰生産分のワインをイギリスに輸出し、その代わりにイギリスから比較的高価な毛織物を輸入しても十分利益を得ることができたのです。

それに対してイギリスも、毛織物は比較的容易に生産できているので、毛織物のコストを変えずに、大量のワインを安く手に入れられるというメリットがありました。

つまり「比較優位理論」とは、各国がお互いで比較的優位な産品を貿易しあうことにより、両方の国がお互いに利益を得ることができるというものなのです。

この考え方は、現在も「自由貿易」を基本原則とする国際貿易において、重要なものとなっています。

日本も、この考え方を実践している典型の国だといえます。日本は石油などの天然資源に乏しいので、これを輸入し、得意としている工業製品を輸出して、国を豊かにしています。

コストが高くても
自国の中で優位でない商品は輸入し、
優位な商品を輸出すれば国が潤う
リカード
しかし
別に輸入しなくても
いいよね
ポルトガル
の商人

優位でなくとも自国で低コストで作れるなら
わざわざ輸入する必要はない

●比較優位理論の欠陥

リカードが提唱したこの比較優位理論のキモは、単に「自国よりも安いコストの商品を輸入するべき」と言っているわけではなく、「自国よりもコストが高いものであっても、自国の中で優位ではない商品は輸入し、自国の産業は優位な商品に集中せよ」と言っていることです。

いろんな国が自国の優位な産品に集中することでお互いの国の産業も効率的に栄えるという、いわば「国際分業」を提言しているわけです。

しかし、この部分は「比較優位理論」の欠陥でもあります。

リカードは、イギリスとポルトガルとの比較において、「ポルトガルはワインも毛織物もイギリスよりも低コストで生産できるが、毛織物をイギリスから輸入しワインに生産を集中することで、国を豊かにすることができる」と述べていますが、現実問題としては、このようにはならないからです。

ある商品を低コストで生産できる国は、自国の価格よりも高い同じ商品を他国から輸入することなどは現実にはあり得ません。

ポルトガルは、ワインも毛織物もイギリスよりも安く生産できるのであれば、ワインも毛織物もイギリスに輸出することはあっても、輸入することはありません。イギリスから高い毛織物を輸入するよりは毛織物は自国で賄ったほうが安くつきます。またイギリスに輸出して得た外貨は、イギリス以外の国から何か自国に有利なものを輸入したほうが国は潤うことになります。

なぜ国際貿易では〝一人勝ち〟が生じるのか？

こういうことは、国際貿易の中ではよく起こっています。

たとえば20世紀初頭のアメリカは、工業製品にしろ、農産物にしろ、ヨーロッパよりも安く生産できていました。アメリカは、ヨーロッパに輸出ばかりをして、輸入はあまりせずに、金ばかりが累積しました。当時は、金が国際貿易の最終決済手段として使われていたのです。

その結果、アメリカには世界の金の半分以上が集まることになり、ヨーロッパやほかの国々では金が枯渇し、国際貿易が大きく滞るようになりました。それが、世界大恐慌や第二次世界大戦の遠因となっているのです。

また21世紀の中国などでも、欧米に比べて工業製品のコストが安いので輸出が激増しました。中国は自国で安く作れるものを他国から高いお金を出して輸入したりはしません。だから、あっという間に外貨が蓄積されました。中国の最大の輸出相手は、あのアメリカでした。第二次世界大戦前では、圧倒的な輸出大国だったアメリカは、第二次世界大戦後すぐに輸入超過となり、現在では巨額の貿易赤字を抱えています。

アメリカとしてはこれ以上、貿易赤字を累積することもできないので、中国からの輸入を様々な方法で制限し、中国はそれに反発するという「貿易戦争」のような状態になっています。

だからリカードの比較優位理論は、現代の国際貿易においての現実的な問題解決にはなっていないということです。もちろん、リカードの時代と現代とでは、状況が違いますので、現代の問題のすべてをリカードの理論に頼るのはそもそも無理があることですが。

●経済学の父、デヴィッド・リカードとは？

この比較優位理論を唱えたデヴィッド・リカードは、経済学の父とも呼ばれています。現在の経済学理論の起源は、デヴィッド・リカードによるものが大きいからです。

しかし、実はデヴィッド・リカードは、経済学者ではありませんでした。

リカードは、1772年にイギリス・ロンドンのユダヤ移民の家に生まれます。ケンブリッジ大学に在学中、生家のユダヤ教を拒絶し、クウェーカー教徒の女性と駆け落ちしました。クウェーカー教徒というのは、キリスト教の会派の一つです。

そのため父親から勘当されケンブリッジ大学の中退を余儀なくされたのです。が、リカードは投資家として身を立て、巨額の富を築きます。

47歳で投資家を引退し国政選挙に出馬し当選します。そして、代議士として国の経済政策、貿易政策に携わるようになり、比較優位理論を唱えるのです。

面白いことにアダム・スミス、リカード、マルクス、ケインズと経済学の巨人とされる人たちは、みな大学で経済を専攻した経済学者ではなかったのです。経済学というのは、経済学そのものを研究するよりも、様々な社会経験から導き出されるものが多いということかもしれません。

【経済理論No.23】

シャハトの経済理論1
～すべての局面に通用する経済法則などない～

ヒャルマール・シャハト
(1877-1970)

「経済政策は科学ではない、一つの技術である、だから確固不動の経済方策や不変の経済法則について云々するのは誤りである」

これは、ヒャルマール・シャハトという戦前のドイツの財政家が述べた経済理論です。

戦前の経済学というのは、二つの学派が激しい論争を繰り広げていました。「自由主義」と「共産主義」です。

ご存知の通り自由主義というのは「経済は自由にするべき」というもので、共産主義というのは「経済を自由にしていれば必ず資本家に支配されるので、経済活動は国家が管理し収入や富はすべて平等にするべき」というものです。

現代では共産主義諸国が崩壊してしまった後なので、共産主義の考え方は荒唐無稽のように思われます。が、富の偏在が激しく貧富の格差が極限に達していた戦前では、共産主義は人類を救う理想的な思想だと考える人も多かったのです。

もちろん、その一方で、経済は自由にしていないと発展しないと考える人々もたくさんいました。中世の経済は国家の管理が厳しく、「自由な経済」というのは中世の人々が切望したものでもあったのです。

また欧米諸国は「自由な経済」になってから大きく発展したので、「自由な経済こそ最上だ」という考え方も強い勢力を持っていたのです。古典経済学とされる経済理論は、「経済というのは各人の経済活動を自由にしておきさえすれば発展する」というものでした。その経済理論が強い勢いを持っていたのです。

つまり、当時は、「すべてを自由にする」と「すべて管理して平等にする」という二つの両極端な経済理論が、互いに「自分こそが正しい」と主張し合っていたのです。

そういう時代にシャハトは、「自由主義」や「共産主義」のような単純な法則を盲信すべきではないと警鐘を鳴らしているのです。

「経済というものは生き物であり、経済政策というのは、その時々や、その分野ごとに適切な手を打たなくてはならない。管理が必要な局面もあるし、自由放任にしておくべき局面もある。インセンティブによって経済発展はもたらされるが、貧富の差を調整しなければならない時もある」

ということをシャハトは述べているのです。

●シャハトの言うとおりになった戦後の世界経済

またシャハトは次のような言葉も残しています。

「資本主義的経済方法の応用なきいかなる社会主義的経済方法も考えられず、各経済階級間の社会主義的協調なきいかなる資本主義経済も存立しない」

これは当時としては非常に鋭い「先見の明」と言えます。

戦後の世界経済は、自由主義と共産主義のいいとこ取りのような方向に動くようになります。

シャハト
共産主義
資本主義
経済には、
管理が必要な局面もあるし、
自由放任にしておくべき局面もある

自由主義の競争原理で経済発展を促しつつも、社会保障や累進課税などで貧富の差を修正し、また野放しにしていてはダメな分野、たとえば公害や環境問題に関する分野などでは規制を加えるというように、です。

これは戦前、戦後を通じて、各国が様々な経済政策を試行錯誤していく中で、自由放任だけではいろいろ無理が生じるし、国が関与しすぎるのもいろいろ不都合があるということがわかってきたからです。

ただ現在でも、「単純な経済法則」を信仰する人たちはかなりいます。

「赤字財政を厭わず公共事業をガンガン行いさえすれば経済がよくなる」

「とにかく金融緩和すれば経済はよくなる」

「富裕層を優遇すればトリクルダウンで社会全体が豊かになる」

これらの法則を実際に国が経済政策として採用しているケースも見られますが、だいたい大失敗となっています。確かにシャハトの言うように、経済政策というのは、その局面に応じた適切な手を打たなければ効果はないといえるでしょう。

特定の経済法則を盲信するのではなく、経済の動きを見つつ、貧富の格差が大きくなりすぎないように、景気が悪くならないように、適切な手を打っていかなければならない、ということなのです。

●財政家シャハトとは？

ホレイス・グリーリ・ヒャルマール・シャハトは、１８７７年に現デンマーク領であるティングレフで生まれました。経済学の博士号を取得したのちドレスナー銀行に入社し、１９１６年にはドイツ国家銀行理事に就任します。

シャハトを一躍有名にしたのは、第一次世界大戦後のドイツのハイパーインフレを収束した「レンテンマルクの奇跡」です。

第一次世界大戦後のドイツでは、ベルサイユ条約の莫大な賠償金、フランス軍のルール占領などがあいまって、天文学的なインフレが生じていました。「ビアホールでビールを飲んでいる間にビールの値段が上がった」「買い物に行くときに札束をたくさん持って行かなければならなかった」など、教科書でもよく紹介されるハイパーインフレです。

このハイパーインフレを収束させるために、シャハトはドイツ帝国銀行の総裁に任命されます。シャハトは「レンテンマルク」という特殊な通貨を発行し、嘘のようにインフレを収束させたのです。

そしてヒトラーが政権を握った時、経済相、ドイツ帝国銀行総裁となり、ドイツの経済の立て直し、失業率の改善などに手腕を発揮します。

シャハトはナチス党の党員ではありませんでしたが、ヒトラーは高名な財政家であるシャハトの腕を見込み、入閣を頼み込んだのです。

シャハトは、ドイツ経済を立て直すこととヒトラーの暴走を防ぐという意味で、ヒトラー内閣への入閣を了承したと言われています。そして、インフレが起きない程度に国債を発行して、高速道路「アウトバーン」建設などの公共事業を行い、ドイツの失業率を見る間に改善させました。ヒトラーやナチスがドイツ国民の熱狂的な支持を得たのは、この失業問題の解決が大きかったのです。

しかしヒトラーが軍事費を増大させ、戦争に乗り出したときには、ヒトラーと袂《たもと》を分かちます。ヒトラーの要望でしばらくは無任所大臣として内閣に残りますが、やがてそれも辞任します。戦局が悪化すると、ゲシュタポに逮捕されて獄中で終戦を迎えました。

戦後、シャハトは、連合国から戦争犯罪人として起訴されます。ヒトラーと袂を分かっていたこと、戦争には反対していたことから、ニュルンベルク裁判では無罪となりました。しかし、その後の非ナチ化裁判で労働奉仕8年の刑を受け、1948年9月まで服役しました。

釈放後はデュッセルドルフ銀行に入り、インドネシア・エジプトなど発展途上国の経済・財政に関するアドバイザーとなりました。

【経済理論No.24】

シャハトの経済理論2

〜経済に一人勝ちはあり得ない〜

「国際経済において黒字ばかり続けている国は真に豊かにはなれない」

戦後、シャハトは国際貿易に関して、次のようなことを述べています。

「一つの国が、長い時間、輸出ばかりを続けることができると思うのは間違いである。他国の商品を買い、自国と同じ程度に発展させなければ、自国だけ経済的発展を持続することは不可能である」

「国際収支が一時的に出超《しゅっちょう》あるいは入超《にゅうちょう》を示している場合、それは国際信用というトリックが事態を隠蔽し、これを一時的に引き延ばしているに過ぎない」

つまりは、「国際貿易において一人勝ちはあり得ない」ということです。
シャハトは、「輸出ばかりをして貿易黒字をため込むだけでは、その国は豊かにならないし、相手国も迷惑をする。輸出した分に応じて、輸入するべき」ということを述べているのです。

確かに言われてみれば、その通りです。

我々は、貿易収支が黒字になった（輸入より輸出の方が多かった）と聞けば、何か自国が潤っているように受け取ってしまいます。

しかし、実際には、貿易黒字ということは財が流入するより流出する方が大きい、ということであり、自国の財が減っているということになります。貿易黒字になると、外貨は増えますが財は減ります。つまり国家全体の財は減っているのです。

貿易黒字になって外貨が増え、それが自国通貨に交換されれば物価が上がります。つまり貿易黒字というのは、単に国の物価を上げているだけなのです。黒字で抱えた外貨を使用しなければ、国は豊かにならないのです。

そして自国に外貨が増えるということは、他国の自国通貨が減ることになり、他国の経済にダメージを与えます。

黒字を貯め込むだけでは豊かにならない

これと同じようなことを、かのケインズも述べています。

ケインズは、戦後の国際経済システムをどうするかを話し合った「ブレトン・ウッズ会議」において、「貿易赤字が大きい国だけではなく、貿易黒字が大きい国にもペナルティーを科す」という提案をしています。この提案は、当時、莫大な貿易黒字を計上していたアメリカの反対意見で却下されます。

ところが、現在、アメリカは莫大な貿易赤字に苦しんでおり、もう一度「ブレトン・ウッズ会議」が開かれればケインズの提案を受け入れるかもしれません。

●失業こそが悪

シャハトはまた「失業こそが悪」という考え方を持っていました。

これは経済理論というより、シャハトの信念と言った方がいいかもしれません。先ほども述べましたように、シャハトはナチス時代のドイツで、赤字国債を発行して公共事業を行うなどの政策を採り、失業者を救済しました。

当時の財政学では、景気が悪い時には税収が減るので政府も支出を減らさなくてはならないという考え方が主流でした。しかしシャハトは、それを無視し、ドイツの国内経済事情を分析して「ここまでならば赤字国債を発行できる」という額を算出して、大掛かりな財政出動を行ったのです。これが呼び水となり、ドイツの失業率は見る間に改善していきました。

この経済政策は、ケインズの「有効需要論」とそっくりです。

シャハトは経験則として、不景気のときには財政出動をすれば失業を減らせるということを知っていたのでしょう。

またシャハトは、経済において最悪の事態は「失業が多いこと」と捉えていたようです。景気がいいとか悪いとか、デフレだとかインフレだとかではなく、まず失業を解消すること。そして「失業を解消するために、ありとあらゆる手を尽くす」というのが、シャハトの経済理念だったといえます。

第一次世界大戦後、ドイツは慢性的な失業問題に悩まされてきました。そのドイツで銀行家をしていたシャハトは、失業というものの弊害を嫌というほど知っていたのでしょう。

確かに「路頭に迷う人が増える」ということが一番よくない経済状態だというのは、間違いないことです。経済政策というのは、本来、「路頭に迷う人をなくす」ということを目的とするはずです。路頭に迷う人が多い状態というのは、その人やその家族も不幸ですが、社会全体としても、治安の悪化や殺伐感などが生じ、不幸になります。

しかし昨今では、経済政策というのは「経済成長こそが善」だとして、経済成長のために失業を増やしてしまうというような経済政策を施されることもあります。これでは本末転倒です。

【経済理論No.25】

渋沢栄一の道徳経済合一説

～商売と公益は一致していなければならない～

渋沢栄一
（1840-1931）

「商売は世の中に貢献することで行わなければならない。人のためにならないことを商売にして一時的に利を得ることはできても、それは長続きはしない」

これは、渋沢栄一《しぶさわえいいち》が著書や講演などで唱えていたことです。

渋沢栄一というと、約５００社の企業の創設に関与し、「日本資本主義の父」とも呼ばれる人物です。

明治維新では、それまで身分が固定され職業の自由もなかったのが、いきなり身分制度が壊され、自由に職業を選んでいいということになったのです。また江戸時代には、商売というのは「汚いもの」と見られる風潮があり、商人は武士などから蔑まれていました。しかし、明治の世では、武士も町民も農民も、自分の才覚で食べていかなければなりません。多くの人が生き方に迷っていた時代でもあったのです。社会の混乱期にずる賢く振る舞う商人たちに批判の目が向けられ、「人々が私利ばかりを追求していいのか」という疑問を持つ人もたくさんいたのです。

その疑問にこたえる形で、渋沢栄一は、私利を追求することは決して悪いことではないが、世の中のためになることで商売をしなくてはならない、と主張しているのです。また「多くの富を得た人間には、社会的な責任がある」とも述べています。実際に、渋沢は様々な社会貢献活動もしています。

●渋沢栄一とは？

渋沢栄一は天保11（1840）年に、武蔵国（現埼玉県）の富農の家に生まれます。渋沢の生家では、田畑のほかに養蚕や藍玉の製造販売、荒物商などもしており、「半農半商」のようなものでした。また、質草をとってお金を貸すことも時々やっていました。

　この家業の多彩さが、渋沢にさまざまな業態の基礎知識を会得させ、後年の広範囲な事業活動につながっていると考えられます。

　渋沢は商才にも非常に長けていて、14歳のころ藍葉の買い付けに一人で行き、父が目を見張るほど見事な取引をしたそうです。

　しかし、時は尊皇攘夷のころです。

　血の気も多かった渋沢は、自らも尊皇攘夷の志士として、世の中に打って出たい衝動にかられました。父を説得し遊学という名目で江戸に出ました。

　渋沢は、この〝志士活動〟の中で、平岡円四郎《ひらおかえんしろう》という幕臣と知り合います。平岡円四郎は一橋《ひとつばし》家（徳川慶喜）の補佐役的な存在でした。そのため、渋沢を一橋家に取り立てました。商才や事務処理能力に優れていた渋沢は、一橋家ですぐに重用されます。

　しかも一橋慶喜は慶応2年12月（1867年1月）、将軍職につきます。それに連動して、武蔵野の農民のせがれだった渋沢も一気に幕府の要人になるのです。そして慶応3（1867）年、フランスに行くことになりました。幕府の参加する万国博覧会の随行員に渋沢が選ばれたのです。渋沢はこのとき1年以上にわたってヨーロッパを

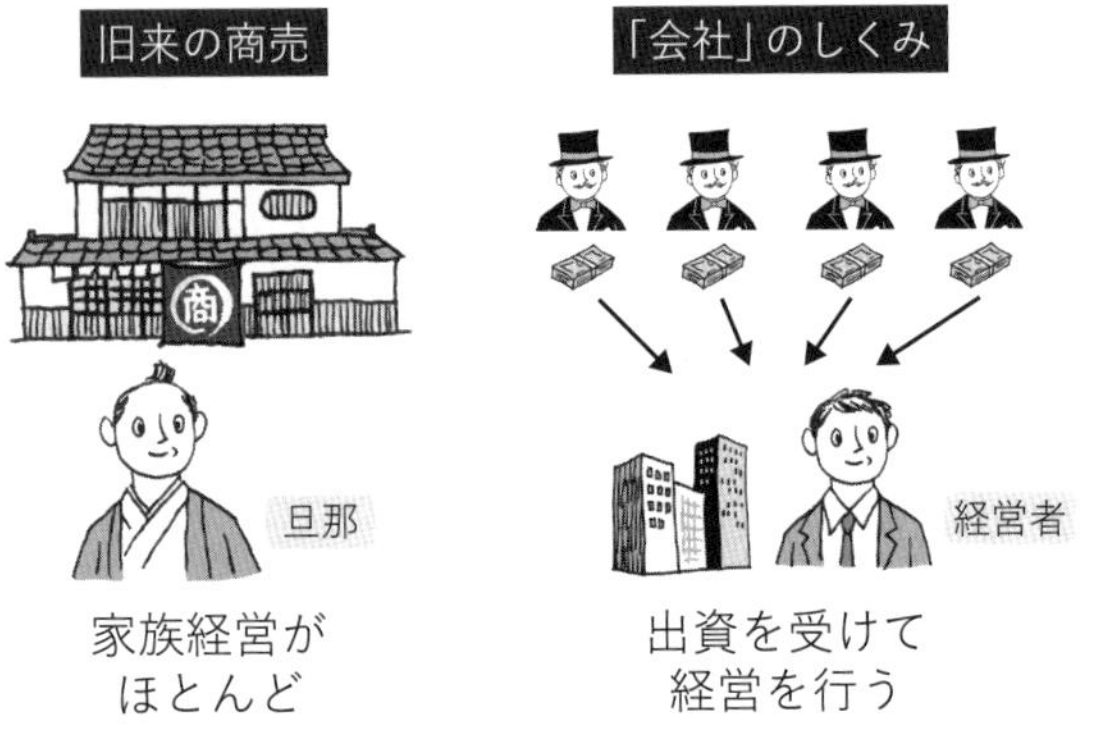

見聞します。

ところが渋沢が帰国したとき、幕府は瓦解していました。

しばらく渋沢は徳川家が移っていた静岡で財政官的な仕事をしていましたが、新政府から出仕命令が出されます。当時は洋行経験のある人材が少なく、長期の洋行経験のある渋沢などは、新政府としてはのどから手が出るほど欲しかったのです。

渋沢は、明治2（1869）年11月に大蔵省租税正《そぜいのかみ》に任命されました。渋沢は、この大蔵官僚時代に、鉄道建設、生糸産業の育成、電信電話事業、銀行の設立、会社制度の整備など、日本の経済基盤をつくる政策に中心的に携わります。

●「会社」の概念を日本に導入する

渋沢はこの大蔵官僚時代に、会社の概念を日本に導入します。

渋沢は、訪欧中に西欧には「会社」というものがあることを知りました。西欧では、人々が金を出しあって事業を興します。そして出資者から委託された経営者がその事業を経営するのです。

また西欧では、会社は原則として自由に商活動ができました。国はなるべく商活動には関与せず、事業者たちの自由にさせています。事業者たちが勝手に競争したり、創意工夫をしているうちに産業が発展していくのです。

日本も、そういうシステムを取り入れるべきだと渋沢は思いました。

そこで渋沢は明治４（１８７１）年９月、大蔵省から『立会略則』『会社弁』という書物を刊行しました。『立会略則』は渋沢栄一自らが著したもので、『会社弁』は渋沢が福地源一郎《ふくちげんいちろう》に訳述させたものです。両本とも、「会社」というものの功利を説き、その設立の手順を紹介するという内容でした。

しかし、渋沢は明治４（１８７１）年に大蔵卿となった大久保利通と反りが合わず、明治6（1873）年に大蔵省を去ります。そして実業界に転身するのです。

●数々の主要企業を起ち上げる

野に下った渋沢栄一は、矢継ぎ早に企業を起《た》ち上げます。そしてその多くが今でも日本の主要企業として残っています。渋沢栄一が設立に携わった主な企業は、第一国立銀行（現みずほ銀行）、東京ガス、キリンビール、帝国ホテル、王子製紙などです。

渋沢は、儲かったお金をほかの事業につぎ込んで自分の事業を拡大していく「財閥方式」ではなく、日本中の資産家に呼び掛けて資金を調達し、新しい企業を設立するという方法を採りました。

「株式会社」の仕組みをこれほどうまく活用した人物はいないといえるでしょう。自分が紹介した会社というものの概念を、世間に実際に提示して見せたということです。

また渋沢は、三井、三菱のように政府にべったりくっついた政商というような立場は取らず、政府とは適度な距離を保っていました。

「大規模な工場は日本の国情に合わない」という政府の批判を押し切り、大阪に東洋一とされる紡績工場「大阪紡績」をつくり大成功させたりもしています。この大阪紡績の成功により、紡績業が日本の主力産業になっていくのです。ちなみに、大阪紡績は現在の東洋紡です。

渋沢栄一は、幕末にヨーロッパに渡った数少ない経済人であり、このような人物がいたからこそ日本は急速な近代化を成し遂げられたといえます。

また渋沢栄一は、三井、三菱、安田などの財閥のように、自分の設立した会社の株を大量に保有し、支配し続けるというようなことはしませんでした。事業が軌道に乗れば、経営から手を引くというケースが多かったのです。だから、日本の主要企業500社を設立したにしては、資産はそれほど多くはありませんでした。

戦後、GHQの指令により財閥は解体されますが、渋沢家も解体対象の財閥として指定されます。しかし、GHQが渋沢家の資産を調査した結果、財閥にはあたらないということで指定の解除をしようとしましたが、渋沢家は「それでは世間が納得しないだろう」と粛々と財閥解体を受け入れ、保有していた株式などを手放しました。

【経済理論No.26】

シュンペーターの経済理論

～好景気は技術革新によってもたらされる～

ヨーゼフ・シュンペーター（1883-1950）

「景気、不景気の波は周期的に訪れる。技術革新が行われると投資が増えて好景気が訪れ、やがてその投資が回収されることで経済が収縮し不景気になる」

これは、オーストリア・ハンガリー帝国（現チェコ）出身の経済学者ヨーゼフ・シュンペーターが唱えた「技術革新による景気の波」の理論です。

資本主義経済が発展していくと「景気の波」というものが現れてきました。一定期間おきに景気が良くなったり、悪くなったりするのです。これといった理由もないのに、失業者が増えたり、倒産する企業が増えたり、またその逆の時期もあります。

資本主義経済が未発達のときは、このような現象は確認できませんでした。戦争や災害などで社会がダメージを受け、社会全体が貧困化するというようなことは古くからありました。しかし戦争も災害もないのに経済が悪くなるという現象は、経済が発展した後に見られるようになったことです。

そこで学者たちは、この「景気の波」を解明しようと様々な仮説を立てました。

その仮説の中で、もっとも有名なものがこの「技術革新による景気の波」です。シュンペーターの理論は次のようなものです。

「技術革新や設備投資が行われたときに好景気が訪れる。そして技術革新や設備投資というのは、時間的に分散して行われるのではなく、何かをきっかけに一斉に行われることが多い。そのため、一時期に一斉に設備投資が行われることによって景気が良くなる」

「この技術革新や設備投資による投資が回収され、投資のときに銀行から借りたお金が返済されれば、社会のお金の流通量が減り、景気が悪くなる。そして次に技術革新、

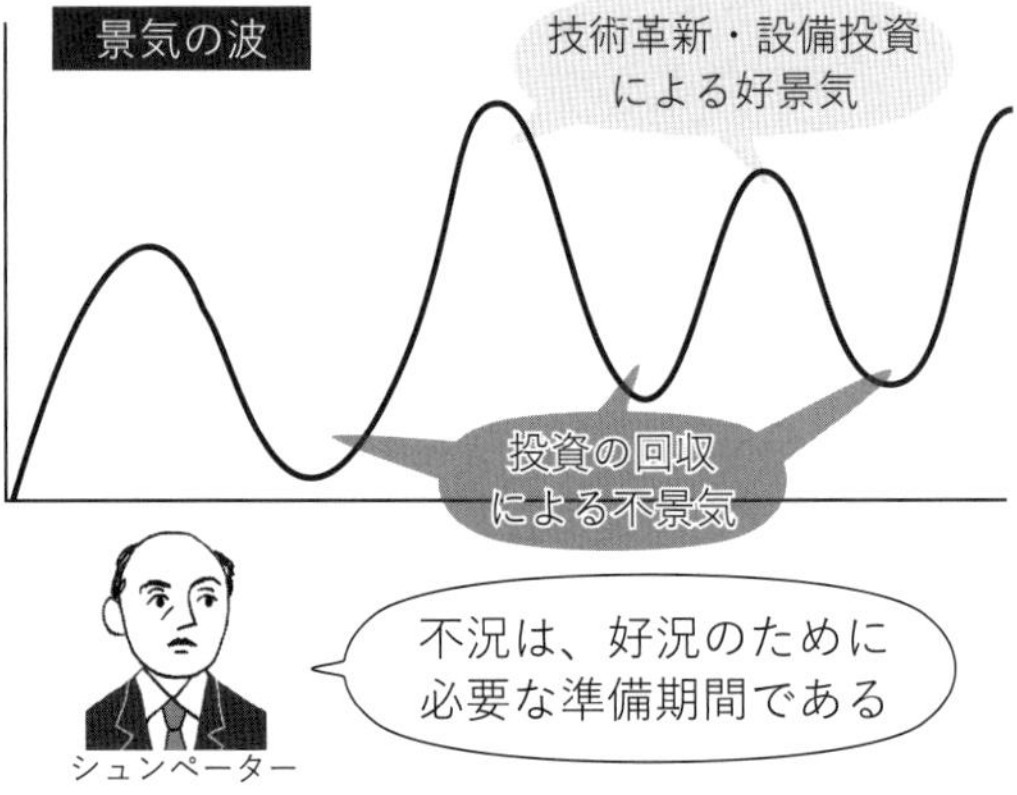

設備投資が行われるときに好景気になる」

シュンペーターは戦争や自然災害での不況の存在を認めつつも、基本的には景気循環というのは、「技術革新による好景気」と「その好景気の調整期間としての不景気」によるものだとしました。

シュンペーターは、「技術革新の信奉者」ともいえるほど技術革新を重要視していました。技術革新こそが経済成長や好景気をもたらすものだとし、技術革新の具体例として次の5つを挙げています。

1. 新しい商品の開発
2. 新しい生産方法の開発
3. 新しい市場の開拓

4．資源の開拓
5．新しい組織形態の開発

新進の経営者やイケイケの政治家が好みそうな言葉です。実際に、シュンペーターの経済理論を好む経営者や政治家は数多くいます。

その一方で、シュンペーターは他の経済学者が重要問題としていた「不況」については軽視していました。「不況は好況のための準備期間であり、好景気をもたらすためには不況も必要」とまで述べています。

このことが、後にシュンペーターの評価を大きく下げることになります。

●シュンペーターとは？

この「技術革新による景気の波」を提唱したヨーゼフ・シュンペーターは、1883年オーストリア・ハンガリー帝国に工場主の息子として生まれます。

オーストリアやドイツなどのドイツ語圏の国は、英仏などよりは産業革命が若干遅れました。しかし、その分、近代化の速度は急激でした。シュンペーターが生まれたのは、その「オーストリアやドイツが急激に発展しているころ」です。だから産業革命による「技術革新」で世の中がどんどん変わっていき豊かになっていく様を、リアルタイムで見ていたわけです。

シュンペーターが、〝技術革新の信奉者〟になったのには、そういう背景があるのです。

幼少期に父が早世し、母は退役した高級軍人と再婚します。シュンペーターはそれにより上流階級の教育を受けることができ、ウィーン大学の法学部に進み、学者となります。

１９０８年に『理論経済学の本質と主要内容』という本を出し、経済学説として世界的に評価されます。そして、１９１２年に技術革新による好景気の波を提唱した『経済発展の理論』を出版します。この『経済発展の理論』は、前著よりもさらに評価され世界的な経済学者と称されるようになります。このとき、シュンペーターは29歳です。当然のことながら、若き天才と謳われました。

その後、彼はオーストリアの大蔵大臣に登用されたり、世界各国の大学に招聘されたりもしました。日本でも、東大がシュンペーターを教授として迎え入れようとしたことがありました（実現しませんでしたが）。

ところが、1929年に、シュンペーターの評価を大きく下げる世界的大事件が起きます。「世界大恐慌」です。

アメリカの株式市場の暴落をきっかけに世界中に波及した大恐慌は、世界経済を大きく縮小させました。世界中に失業者があふれ、自殺や夜逃げなどが多発し、第二次世界大戦の要因の一つにもなりました。

この世界大恐慌の惨状を見たときに、「不況は好況の準備期間」などというシュンペーターの経済理論は、まったく意味をなしませんでした。

シュンペーターと同時期の経済学者ケインズは、「不況期には財政出動して景気を回復すべし」という不況に対する明確な処方箋を持っていました。しかしシュンペーターは、「好況のためには不況は必要」などとし、不況を解消する方法などはまったく提示していませんでした。

シュンペーターが、ケインズに比べてまったく有名ではないのは、このためでもあります。

●経済理論の「功罪」の象徴

シュンペーターは、経済学というものの「功」と「罪」を非常にわかりやすく示している人物です。

「技術革新」が経済を発展させ、好景気を呼び起こす大きな「要因の一つ」であることは間違いないことですし、それを強調したところにシュンペーターの「功」があるといえます。

しかし、経済というものをすべて「技術革新」に結び付けて考えたところに、シュンペーターの「罪」があるのです。

好景気、不景気の波の原因というのは、技術革新だけではないはずで、様々な要因が絡んでくるものです。にもかかわらず、シュンペーターは、あたかも「技術革新だけが景気循環の要因」であるかのように述べているのです。

歴代の経済学者というのは、この「功」と「罪」の両面を持っていることが多いのです。

経済学というのは、不思議なもので、世の中の動きを見事に言い当てている理論もあれば、一般的に見て明らかに「それはおかしいんじゃないの？」という理論もあります。そして、一般的に無理のある理論が、学界で権威を持ち、経済政策の理論的支柱になってしまうことも多々あるのです。

経済学というのは、科学や数学のように明確に答えが出る分野ではありません。経済というのは複雑なものなので、原因と結果の因果関係を明確に解明することが難しいのです。

たとえば、なぜ失業が生じるのかという問いに対して、答えは幾つも出るはずです。経済学説というのは、どれが「正しいもの」かがなかなかわかりづらい上に、「間違い」もなかなか判明しないのです。宗教論争のようなものです。

そのため、学界で力を持った学者や人気のある人の学説が、一時的に幅を利かせてしまうことも多々あるのです。そしてその理論をもとに一国の経済政策が行われることがしばしば起こります。そういう経済政策を行った国は、深刻な不況に陥ったり、最悪の場合、国が崩壊することもあるのです。

わかりやすい例でいえば、カール・マルクスの「共産主義論」です。

マルクスの項でも述べたように、彼は資本主義社会では資本家の力がどんどん強くなり、労働者は搾取されるばかりだと主張しました。そして、資本主義社会はその通りに進行していきました。この部分については、マルクスは世間に的確な警鐘を鳴らしたといえます。

が、マルクスはその解決法として、労働者による政府をつくり、生産手段（工場、農場など）はすべて国家が管理し労働者の待遇をすべて平等にする「共産主義」という極端な経済システムを提唱しました。

「経済のすべてを国家が管理してすべてを平等にしてしまえば、個人個人の勤労意欲や創意工夫は減退してしまう」ということは、少し考えれば誰でもわかりそうなことです。実際に、当時からそういう批判を受けています。

しかしマルクスは自信満々に「これが世界を救う唯一無二の経済思想だ」と主張し、しかも世界中の多くの知識人、労働者がそれに賛同したのです。

経済学という分野は、明確な検証方法がないので「極端な思想」が幅を利かせがちだということを、我々は肝に銘じておかなければなりません。

第5章

現代世界を動かす経済理論

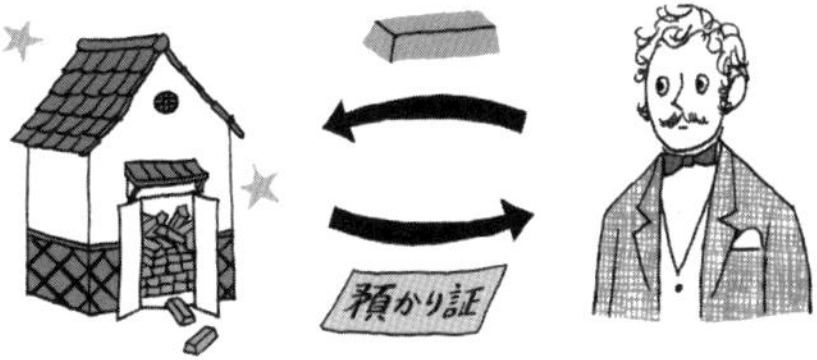

【経済理論No.27】

ゴールドスミス・ノート理論

～お金をつくりだす根本理論とは?～

●中世ヨーロッパの悪徳商人が考え出した金融システム

現代の銀行が、どうやってお金を創出し融資をしているのか、ご存じでしょうか?

現代の世界中の銀行は最先端の金融工学に基づいて、「資金調達」「信用創造」「融資」などを行っていると考える人も多いのではないでしょうか?

しかし現代の銀行がお金を作り出し、融資する仕組みというのは、何百年も前のヨーロッパの商人が考え出したものなのです。

17世紀のイギリスでのことです。

当時のヨーロッパには、金匠（ゴールドスミス）と呼ばれる職業の人がいました。

この金匠という職業は、金を加工して様々なアクセサリーを作ったり、金を預かったりするのが仕事でした。なぜ金を預けたりするのかというと、金は自宅で保管しているると何かと危険ですし、買い物をするときに市場に持ち運びするのは重くて面倒でもあります。そのため、金匠のもとに預けておいて、必要な時にだけ引き出すのです。

そのうち金匠は、顧客から金を預かるときに「預かり証」を発行するようになりました。この「預かり証」が、やがてお金と同じような使われ方をするようになるのです。

当時、物を売買するときは、貴金属で作られたお金や貴金属そのものを使うことが多かったのですが、金匠が「預かり証」を発行するようになってからは、この預かり証が金の代わりに使われるようになったのです。

金の預かり証は、金匠のところに持っていけば、金と交換してくれます。だから、貴金属をわざわざ持ち出さずに、金の「預かり証」を貴金属の代わりに差し出して、売買が行われるようになっていったのです。

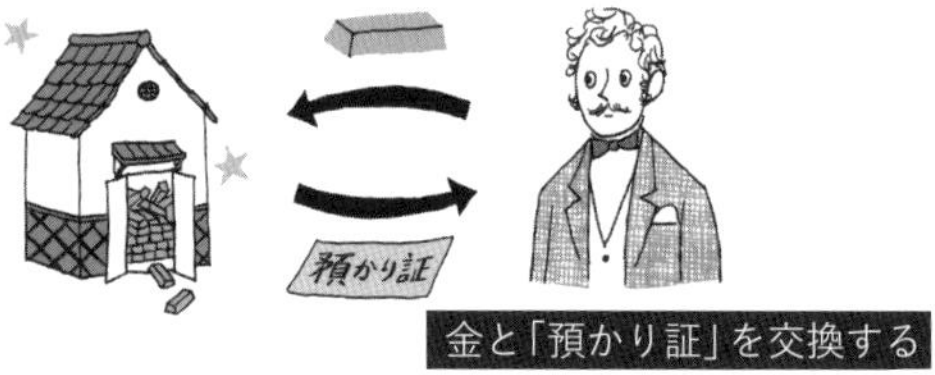

金と「預かり証」を交換する

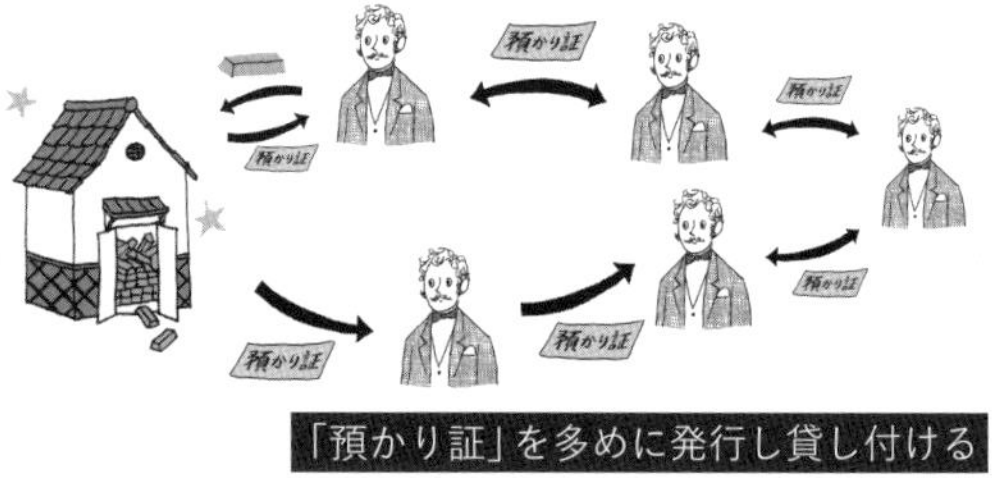

「預かり証」を多めに発行し貸し付ける

そして、ある金匠が、金の「預かり証」に関して、大きな発見をしました。

「金を預けている客の大半は、金を預けっぱなしにしている」

預かり証を持ってきて金を引き取りに来る客というのは、全体の数分の一です。ほとんどの金は、金匠のもとに預けられたままになっています。

金が売買されるときも、金自体の出し入れはなく、金の預かり証だけがやり取りされるのです。

この事実に気づいた金匠が、あることを思いつきます。

「どうせ一部の客しか金の引き換えには来ないのだから、保管している金よりも多くの預かり証を発行することもできるのではないか」

発行した預かり証の何分の一しか金の引き換えには来ないのです。だから、預かっている金の数倍の預かり証を発行しても、業務に支障はないはずです。

そして、余計に発行した預かり証を、人に貸し付け、利子をつけて返還してもらえば、金儲けになります。そういうことを考え付いた金匠がいたのです。

この金匠は、預かった金の何倍かの預かり証を発行し、それを人々に貸し出し、利子を得るという商売を始めました。このビジネスは、瞬く間に広がりました。

それが、現在の「紙幣（銀行券）」の始まりなのです。この金の預かり証のことは、ゴールドスミス・ノートと呼ばれていたので、これは「ゴールドスミス・ノートの理論」などと呼ばれることがあります。

●世界中の銀行で使われている金匠の金融システム

この金匠の半ば詐欺的な商売の仕組みは、現在でも、世界中の銀行の根本のシステムになっています。

世界の中央銀行が発行する紙幣というのは、金（もしくは銀）の預かり証という形からスタートしています。保有している金、銀の何倍もの預かり証を発行し、それを通貨として流通させたのです。だから、世界の通貨のほとんどは、「銀行券」という名称になっているのです。

現在は、世界の中央銀行は金銀との交換保証をしていないので、通貨は金銀の預かり証ではなくなりました。

しかし、顧客から集めた預貯金の一部を準備金として、その準備金の何倍ものお金を貸し出す、という根本的な仕組みは変わっていないのです。

つまりは、現在の金融制度というのは、金融工学の専門家が綿密に制度設計したものではなく、中世のずる賢い金匠たちが考え出した商売方法をそのままの形で使っているのです。

【経済理論No.28】

不換紙幣システム

～なぜ現代の紙幣は貴金属との兌換をしなくなった？～

リチャード・ニクソン（1913-1994）

お金は、17世紀ヨーロッパ金匠の「預かり証」が起源になっていることを前項でご紹介しましたが、現代のお金と金の預かり証では大きく違う部分があります。

それは、「現在の世界中の通貨のほとんどは貴金属の交換を保証していない」ということです。

17世紀の「預かり証」が、なぜ通貨のような信用を持ちえたのかというと、「金と交換してくれる証書」だったからです。

ところが、現在、世界中で使われている通貨（紙幣）というのは、ほとんどが貴金属との交換保証はされていません。

世界中のほとんどの通貨（紙幣）は、中央銀行が発行する「銀行券」です。この銀行券は、中央銀行がその価値を保証はしますが、貴金属と交換はしてくれないのです。以前はこうではありませんでした。約50年前までは、世界の多くの紙幣は、何らかの形で、貴金属との交換をしてくれる保証があったのです。

約50年前まで、世界の通貨は「金本位制」がスタンダードとなっていました。金本位制というのは、簡単に言えば、金そのものか金の兌換券を通貨として流通させるというものです。

しかし、今から約50年前に起きたニクソン・ショックと呼ばれている出来事により、世界中の紙幣は貴金属との保証関係がなくなったのです。

ニクソン・ショックというのは、アメリカ・ドルは金との交換に応じないという声明を発表したものです。

なぜアメリカ・ドルが金との交換をしなくなっただけで、世界中の通貨が金とのつながりが切れたのかというと、それには第二次世界大戦前後の世界情勢が影響しています。

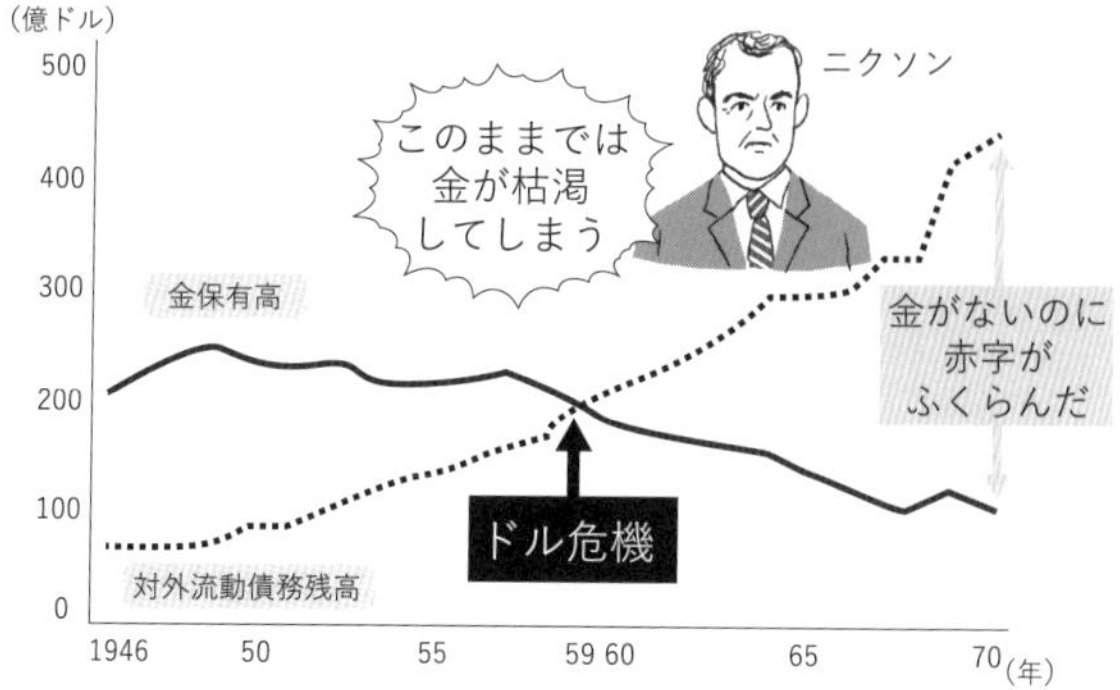

ドルと金の交換の停止、金本位制をやめる

第一次世界大戦前までは、世界の主な国は、自国の通貨と金や銀との交換をしていました。金や銀との交換を保証することで、通貨の価値を担保していたのです。

しかし、第一次世界大戦後、ヨーロッパ諸国の多くが金の保有量を減らしてしまったので、金との交換ができなくなりました。日本も同様です。それは、各国の通貨を非常に不安定にするものでした。

ところが、第一次世界大戦後、アメリカだけは金の保有量を激増させていました。資源が豊富で工業力もあるアメリカは、第一次世界大戦から第二次世界大戦にかけて、世界経済において一人勝ちの状態が続いていました。

第二次世界大戦終了時には、世界中の金の7割を保有していたのです。

1944年、アメリカのブレトン・ウッズというところで、第二次世界大戦後の世界の金融システムをどうするべきかの話し合いが行われました。

金本位制は世界の通貨を安定させるものですが、世界中の国々は、もはや金本位制を維持できるほどの金を保有していませんでした。

そこでアメリカがドルと金の交換を保証し、各国はアメリカ・ドルに対する自国通貨の価値を固定することで、間接的に金の交換を保証することにしたのです（一部の国では例外はあります）。

しかし、第二次世界大戦後、かつては世界経済で無敵を誇っていたアメリカ経済が陰りはじめ、輸出が減り輸入がどんどん増えました。代金としてアメリカ・ドルを受け取った各国が、それを金に換えました。そのため、アメリカの金は瞬く間に流出してしまったのです。

かつて世界の7割の金を保有していたアメリカが、「このままでは金が枯渇してしまう」という状態に追い込まれたのです。

そこで、１９７１年に、アメリカのニクソン大統領が、ドルと金の交換の停止を発表したのです。

そのため世界中の多くの国々の通貨は、金との結びつきがなくなったのです。

しかし不思議なことに、大した混乱もなくドルや世界中の国の通貨はそのまま使い続けられました。

金との交換がなくなったとはいえ、各国の通貨はすでに社会にすっかり浸透しており、しかも国家が発行しているということで信用されたのでしょう。

また世界各国は、通貨と金との兌換をしなくなったとはいえ、自国の通貨の信用を守るために、中央銀行が外貨や純金を大量に準備しています。自国通貨が暴落したような場合には、外貨や純金を売って自国通貨を購入することによって、自国通貨の価値を保持しようというわけです。

実は人類史上、これほど広範囲に、これほど長期間にわたって、貴金属の価値の裏付けがない通貨が使用されている時代はありません。今の通貨制度というのは、人類の試行錯誤の過程ともいえるわけです。

【経済理論No.29】

現代の基本金融システム

～我々は拡大再生産を義務付けられている？～

あなたは、お金というものが、どうやって発行され、どうやって社会に流れてくるのかご存知でしょうか？

答えは「借金」です。

企業や国などが、銀行からお金を借りることによって、お金は社会に回るのです。日本銀行が発行した紙幣は、貸し出しという形で、一般の銀行に放出されます。そして、日本銀行からお金を調達した一般の銀行も、貸し出しという形で、企業などに流すのです。

そして驚くべきことに、お金が社会に出るためのルートは、これ一本しかないので

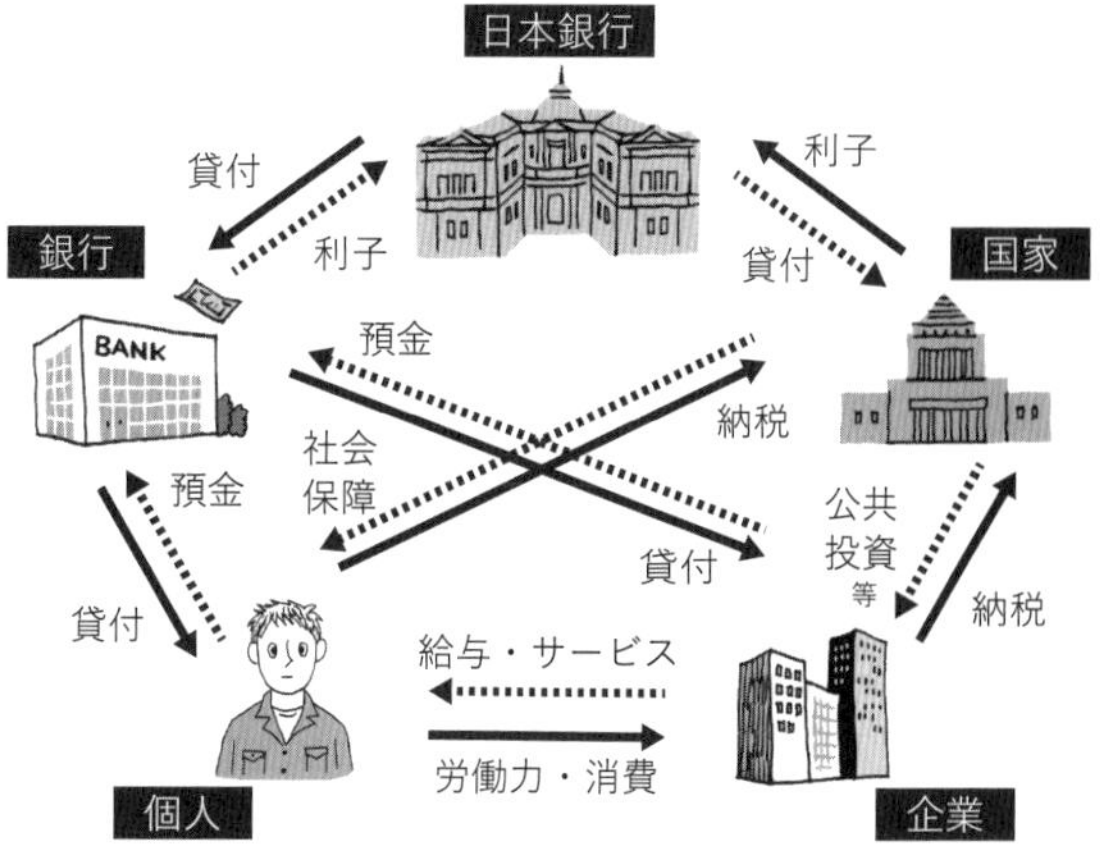

現代の経済は「誰かの借金」で回っている

す。日本銀行が印刷した紙幣を、政府が勝手に使うことはできません。政府がお金を使う場合は、税金として徴収するか、国債を発行するかしかないのです。

社会で使われているどんなお金も、元をたどれば、誰かの借金なのです。貿易などで得た外貨を円に交換するときにも、新しいお金が社会に出てくることになりますが、その外貨は外国において誰かの借金により社会に流れ出たものなので、煎じ詰めれば、「誰かの借金」ということになるのです。

なぜこういう制度になったかと

いうと、現在の世界の貨幣システムは、前項でご紹介したゴールドスミス・ノートがもとになっているからです。

●お金の仕組みの矛盾

ここで大きな矛盾を感じないでしょうか？

借金というものは、いずれ返さなくてはならないものです。

しかも、「利子をつけて」です。しかし世の中に出回っているお金というのは、借金の「元本」だけです。利子をつけてお金を貸してくれる銀行などはないので、元本の分のお金しか世の中に出回っていないのは、当たり前です。

しかし、借りた方は利子をつけて返さなくてはなりません。ということは、社会全体から見れば、銀行から供給されたお金以上のお金を銀行に返さなくてはならない、ということになります。普通に考えれば、社会は借金を返せずに破綻するということになってしまいます。

なぜ社会は破綻していないのでしょうか？

それは、誰かが新たに借金をするからです。

社会は銀行からお金を借り続け、社会のお金の量は増え続けています。だから、利子の分が社会に供給されていなくても、とりあえず、前の借金の分は返せるわけです。

ですが、逆に言えば、新たに借金をする人が出てこなければ、今のお金の仕組みは成り立ちません。社会全体が銀行から借りるお金が増えなかったり、減ったりすれば、社会に流れるお金が減ってしまうはずです。

●我々は「拡大再生産」を義務付けられている

また、もし社会が借金を全部、銀行に返してしまえば、社会からお金はなくなってしまいます。

全部返してしまわなくても、社会全体が「新たに借りるお金」より「返済するお金」の方が多くなれば、社会全体のお金の量は減ってしまうわけです。もちろん、お金の流れが悪くなり、景気が悪化します。

実際にそれに似たことは起こっているのです。

たとえば、日本ではバブル崩壊以降、企業はなるべく設備投資を減らし、借金を返す努力をしてきました。

その結果、日本は、深刻な不況に陥ったのです。世の中に流れていたお金の流れが収縮し、景気が悪くなったのです。もちろん日本が不況に陥った原因はそれだけではありませんが、「借金をする人（企業）が減った」ということは間違いなく大きな要因の一つなのです。

ということは、我々は常に「借金を増やし続けなければならない」のです。

つまり、今のお金の仕組みというのは、誰かが常に借金を増やして投資をし「拡大再生産」を続けていかなければ、成り立っていかないシステムなのです。また、そのためには、社会全体が常に消費を増やし続けなくてはなりません。

しかしご存じのように、今の世界は環境破壊が進み、拡大再生産、大量消費に対して疑問がもたれています。が、現在のお金のシステムは、拡大再生産、大量消費を続けなくては崩壊してしまいます。

このシステムは、必ずしも人類のためになっているとは言えないのかもしれません。

【経済理論No.30】

マネタリズム理論
～世界に貧富の格差をもたらした!?～

ミルトン・
フリードマン
(1912-2006)

「通貨の供給量さえコントロールすれば、経済はすべて自由にしておくべきだ」

これは20世紀末に、世界中の経済政策に大きな影響を与えた「マネタリズム」という経済理論です。

マネタリズムというのは、「通貨ストック（硬貨、紙幣、当座預金など）の伸び率が、経済成長の伸び率と同じ水準であればインフレは生じない」「国家は通貨ストックの量だけを管理し、後は市場に任せるべき」という理論です。

つまりは、「国はインフレやデフレが起きないように通貨の供給量のコントロールだ

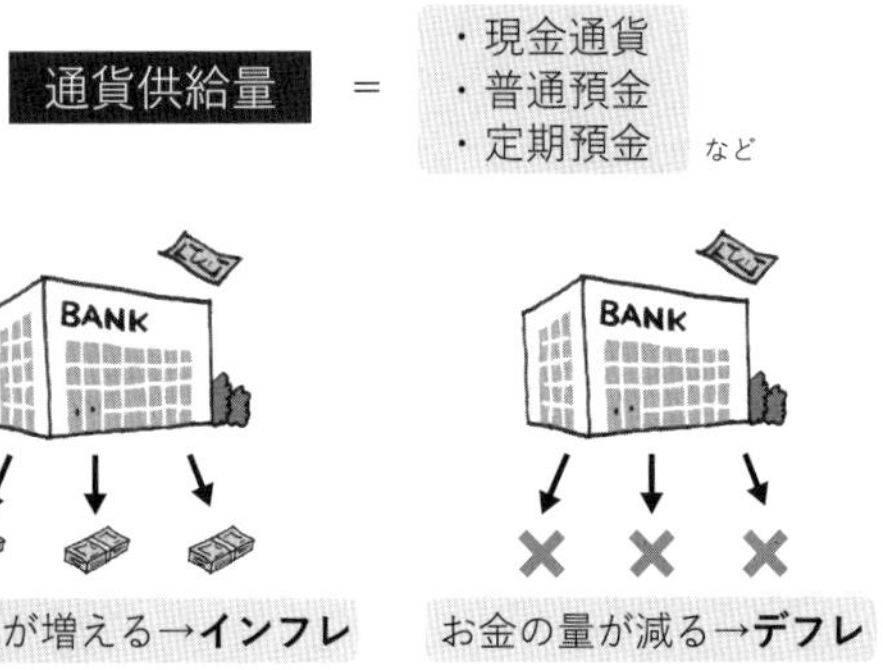

市場ではなくお金の供給量をコントロールする

けをしていればよく、国の経済は市場に自由にさせておく」ということです。

1980年代、アメリカのレーガン大統領は、この理論を実践し、金融市場の規制を大幅に緩和しました。

アメリカの金融市場は活況を呈し、景気はたちまち回復したのです。レーガン大統領は、傾きかけていたアメリカを立て直した功労者として称えられ、国民的な人気を博しました。一時は大統領選の三選が検討されていたほどです。

アメリカのみならず、イギリスなど先進国の多くでこのマネタリズムの考え方が採り入れられました。日本は90年代後半に「金融ビッグバン」という大規模な金融緩和を行いましたが、これもマネタリズムの影響によるものなのです。

●新自由主義の旗手ミルトン・フリードマン

マネタリズムを提唱したミルトン・フリードマンは1912年にユダヤ移民の子としてニューヨークに生まれました。大学在学中に世界大恐慌を経験し、卒業後、経済研究所研究員として連邦政府に就職し、国の経済政策に携わるようになります。

ミルトン・フリードマンは「景気の回復は財政出動ではなく、金融緩和によって実現できる」という経済理論を主張するようになります。これは、ケインズの経済理論のアンチテーゼでもありました。前述したようにケインズは不景気のときには財政出動すべきという理論を唱えていたのです。

ミルトン・フリードマンのマネタリズムというのは、表向きは貨幣論の形をとっていましたが、実際は、規制を撤廃してすべてを市場に任せるという、市場原理主義ともいえる経済理論でした。

フリードマンは、徹底した市場原理主義者で、ありとあらゆる政府の規制に反対しました。医薬品の安全規則にすら反対していたのです。

フリードマンのマネタリズムは、「新自由主義」と呼ばれる新しい経済理論の基本的な考え方でした。

新自由主義というのは、ざっくり言えば「経済はすべて自由にしておくべき」「貧富の格差が起こっても、金持ちが潤えばそのしずくがやがて貧困層にも行き渡り社会全体が豊かになる」という考え方でした。この考え方はトリクルダウンと言われるものです。

しかし近年は、マネタリズムの経済政策を実行した国々に深刻な貧富の格差が生じてしまったので、この考え方は否定されつつあります。

●東西冷戦の終結がマネタリズムの大流行を招いた

このフリードマンのマネタリズムが80年代以降に大流行したのは、当時の世界情勢も大きく影響しています。80年代後半、ソ連と東欧の共産主義国家たちが、次々と崩壊していきました。彼らの崩壊の大きな要因が経済の失敗でした。

第二次世界大戦直後、東ヨーロッパに次々に誕生した共産主義圏の国々は、戦災からの復興は著しいものがありましたが、その後の経済成長は思わしくありませんでした。１９７０年代に入ると、西欧の自由主義諸国と東欧の共産主義諸国で、経済状態に大きな差が出てきました。

またソ連のチェルノブイリ原発の事故などの影響もあり、共産主義諸国の人々の不満が高まり、１９８９年に東西冷戦の象徴とされていたベルリンの壁が壊され、東欧諸国の共産主義政権が次々に倒れていったのです。

これを見て自由主義陣営の国々は「自由主義こそがもっとも素晴らしい経済理論だ」と思うようになったのです。しかし、自由主義の国々はこのとき大きな誤解をしていました。

もともと共産主義というのは、自由主義経済の欠陥をただすために起こった思想です。貧富の格差や、不景気のときの失業などによって人々の不満が高まったために、共産主義という思想が勃興したのです。

共産主義というシステムはそれらの問題の解決策としては失敗しました。だからといって、自由主義経済に問題がないわけではないのです。貧富の格差や失業問題などは、相変わらず世界経済の大きな難問でした。ただただ経済を自由にしていれば、それらの問題が自動的に解決するわけではないのです。

●マネタリズムがトリクルダウンを引き起こす？

しかも、マネタリズムや新自由主義の考え方は、規制しなくてはならないものまで規制を解いてしまったために、後ほど世界は大きな打撃を受けることになります。

その最大のものは、1999年に「グラス・スティーガル法」を骨抜きにしてしまったことです。

「グラス・スティーガル法」とは世界恐慌の教訓をくんで、1933年に作られた法律です。これは銀行業務と証券業務を兼ねてはならないというものです。

なぜこの法律ができたのかというと、銀行業務と証券業務を兼ねていると、銀行がある会社の証券を扱っていた場合に、その会社から銀行融資を頼まれると断ることができなくなるからです。経営状態が悪い会社にも無理して融資をしなければならなくなり、銀行の倒産を招きやすいのです。

１９２９年の世界恐慌時、証券業務も行っていた銀行は大きなダメージを受け、バタバタと倒産してしまいました。それを防ぐために「グラス・スティーガル法」が制定されたのです。この「グラス・スティーガル法」は、以降66年間、アメリカの金融業界の絶対のルールとして確立されました。また日本など、世界各国もこのルールを踏襲しました。

しかし１９９９年に新しく「グラム・リーチ・ブライリー法」という法律が制定され「グラス・スティーガル法」は事実上の骨抜きにされたのです。

この規制緩和は、リーマンショックの要因の一つとなりました。

リーマンショックというのは、安全度の高い債券と安全度の低い債券を取り交ぜた「サブプライムローン」という金融商品が焦げ付いたことが発端になっています。

このサブプライムローンを証券化して販売する業務というのは、本来、証券会社の業務です。しかし、証券会社と商業銀行の垣根がなくなったために、商業銀行もこぞってこの危ない商品に手を出してしまったのです。それが、リーマンショックをより深刻化させた原因と言えるでしょう。

【経済理論No.31】

ＭＭＴ　現代貨幣理論
～政府は財政赤字を気にしなくてもいい!?～

ランダル・レイ
(1953-)

「自国通貨で国債を発行している国は財政赤字を気にすることなく国債を増発することができる。国債の発行量を適切に調節していれば異常なインフレも起こらない」

これは、ＭＭＴ（現代貨幣理論）と呼ばれる経済理論です。

アメリカのバード大学教授のランダル・レイなどが90年代から唱えていました。昨今、アメリカや日本で大きくクローズアップされているので、ご存じの方も多いはずです。

このＭＭＴはざっくり言えば、

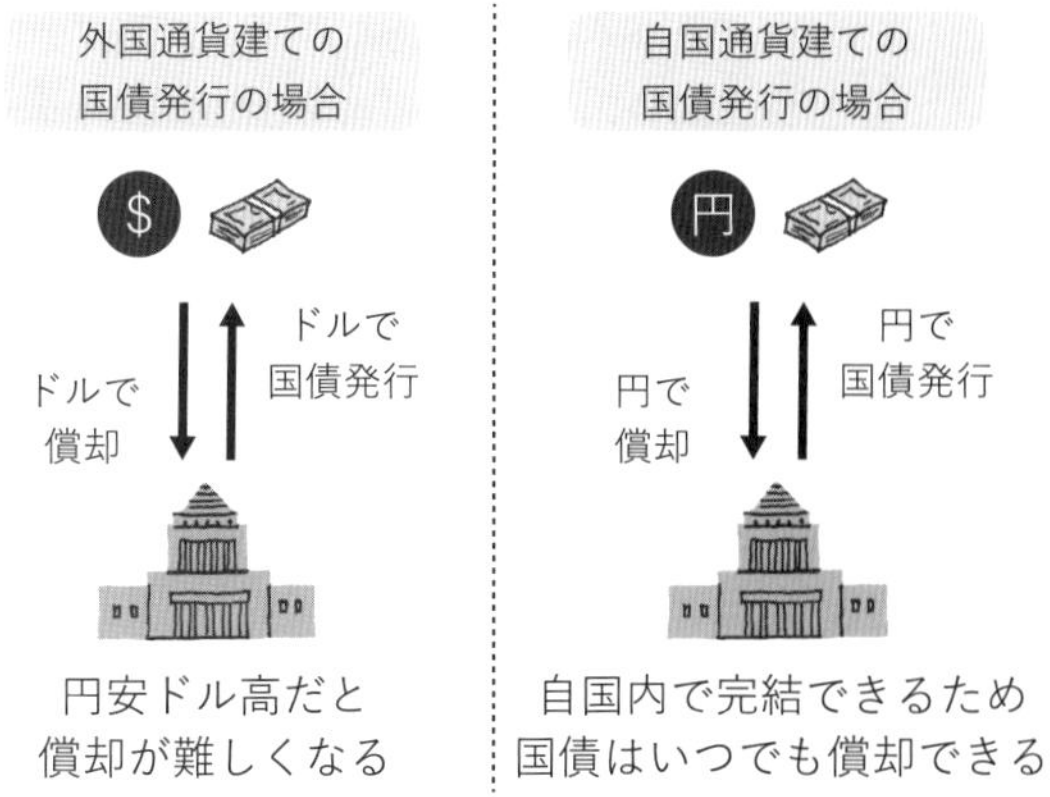

「自国の通貨建てで国債を発行している国は、国債を償却（返済）するには自国の通貨を増刷すればいいだけである。政府は事実上、自国通貨を自由に発行する権利を持っているのだから、国債はいつでも償却（返済）できる」

ということです。

外国の通貨建てで国債を発行している場合、たとえば、日本がドル建てで国債を発行した場合は、日本は国債を償却（返済）するためには、その分のドルを用意しなければなりません。もし円安ドル高になれば、ドルを用意するのにたくさんの円が必要になるわけです。

そのため、外国通貨建てで国債を発行し

ている国は、自国の通貨が安くならないように配慮しておかなければなりません。また自国の通貨が安くなったばかりに、国債が償却できなくなり、デフォルト（債務不履行）を起こす国もたびたび出ています。

しかし、現在の日本のように、円で国債を発行している国は円を払えばいいだけですから、他国の通貨を用意する必要はありません。円が安くなって支払いに苦労するというようなことはないのです。

ケインズ理論の場合は、「不況のとき、政府は財政赤字を恐れずに公共投資を行い、失業を減らすべし。好況になってから財政赤字を取り戻せばいい」と述べていますが、MMTの場合は、これを一歩進めて「そもそも政府は財政赤字など気にせずに財政投資を行うことができる」と述べています。

そして、「政府は税収をあてにすることなく公共投資を行うことができる」とまで述べています。要は、「本来、政府は財政赤字に縛られることなく、通貨を発行することができる」「税収ではなく通貨発行により、歳出を賄うことができる」というわけです。

●MMTは荒唐無稽か？

この現代貨幣理論は、従来の経済学者などからは「荒唐無稽」だと批判されることもあります。「国債の残高」を気にせずに国債を発行していいなどというのは「もってのほかだ」というわけです。

が、資産的な裏付けが何もない仮想通貨が世間に流通していることや、現代の各国における通貨のほとんどが、貴金属との交換権を持っていない「ただの紙切れ」だということを見れば、政府が返す見込みのない国債を発行し紙幣を増刷させたとしても、あながち荒唐無稽だとは言い切れないと思われます。

また前述しましたように、現代の通貨の仕組みというのは、綿密に制度設計されたものではなく、時代の波にもまれながらなし崩し的に作られたものです。だから、「現在の通貨の仕組みが正しい」とは誰も言えないはずなのです。

むしろ、現代の通貨は「誰かが借金をしないと通貨が社会に流れない」「借金が増え続けないと世間の金の流れが滞ってしまう」という巨大な矛盾を抱えています。MMTはその矛盾を解消するための大きなヒントを与えてくれているのかもしれません。

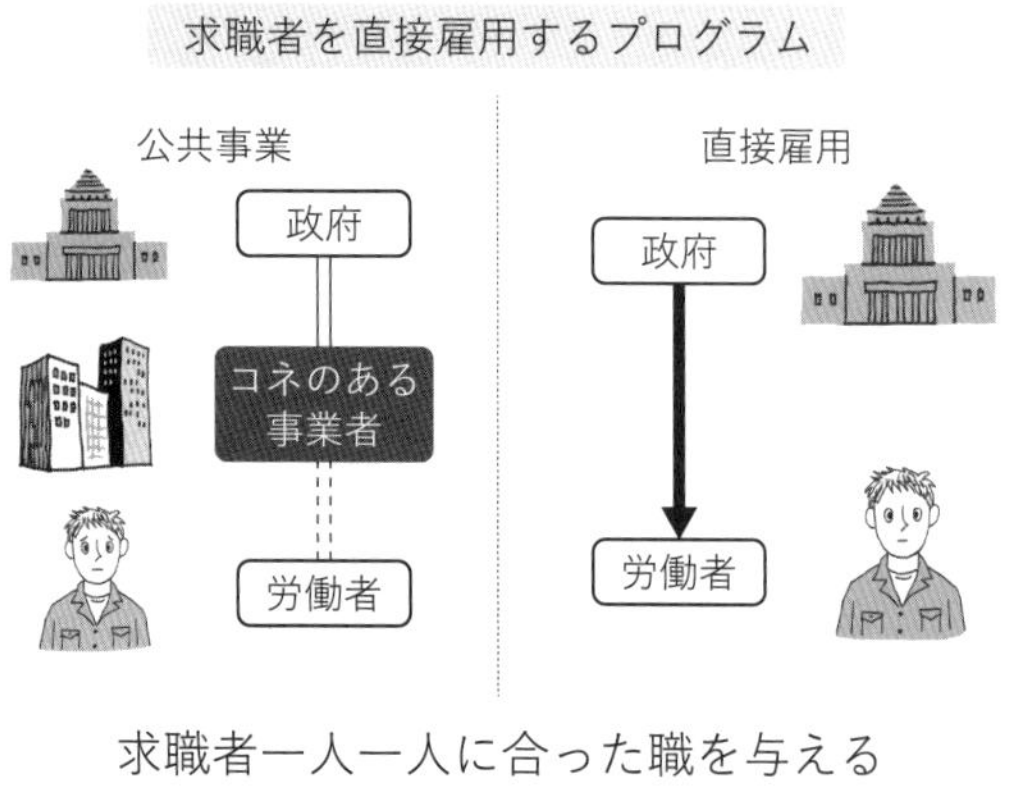

求職者一人一人に合った職を与える

● 求職している人すべてに仕事を与える社会保障

またＭＭＴでは、「無制限、無分別に公共投資をしていい」と言っているわけではなく、不要な公共投資がないように厳しく監視し、その代わり有効な公共投資は思い切って行うべきということも述べています。

そして、行うべき公共投資として、「求職している人すべてに仕事を与える社会保障プログラム」の創設を提言しています。これは、政府が求職している人すべてに、その人に合った仕事を与えるという社会保障制度を新たにつくるというものです。この社会保障制度をつくれば、事実上、失業というものがなくなるわけです。

またこの「求職している人すべてに仕事を与える社会保障プログラム」は、ニューディール政策のように政府が公共事業を行うことによって「間接的に雇用を増やす」というのではなく、政府が直接、就業希望者に職を与えるということです。

90年代日本の狂乱の公共事業を税務署員として間近に見てきた筆者としては、この提言は非常に意味があるものだと思います。なぜなら公共事業というものは、政治家の利権に結びつきやすく、失業対策としては極めて非効率です。政治家とコネクションのある特定の土木事業者ばかりが潤い、末端の労働者にわたるお金は微々たるものなのです。

「公共事業で間接的に失業を減らすのではなく、政府が直接、全失業者を雇用する」というのはお金がかかるように見えて、実は効率的な失業対策なのかもしれません。

●ＭＭＴの欠陥

ただこのＭＭＴにはツッコミどころも多々あり、経済理論としてまだよく練られていない部分があるといえます。

たとえば、日本とギリシャを比較し、「日本はギリシャよりも国債残高のGDP比が高いが、日本はギリシャのように金融危機に見舞われていない。それは日本が自国通貨によって国債を発行しているからだ」と述べられています。

だから「自国通貨で国債を発行している国は、金融危機や財政破綻は気にしなくていい」という論法になっているのです。

ですが、日本とギリシャの経済の違いは、「自国通貨で国債を発行しているかどうか」だけの違いではないことは、新聞を読める程度の知識があれば誰でも知っています。日本は、世界第三位の経済大国であり、世界一の純債権国であり、国民一人当たりの外貨準備高も世界一です。この経済力があるからこそ、自国の通貨で国債を発行できるわけです。

またアメリカは、巨額の財政赤字、世界一の国際債務を抱えていながら、それでも毎年さらに巨額の国債を、アメリカ・ドルで発行し続けています。これは、従来の経済学の観点から言えば、非常に危険な状態であり、アメリカはいつ崩壊してもおかしくないといえます。

なぜアメリカが今も国債を発行し続けられているのかというと、アメリカ・ドルの威力によるものが大きいと思われます。アメリカ・ドルは、1971年まで世界ではぼ唯一の金兌換紙幣であり、そのため世界の国際貿易などで広く使われてきました。しかもアメリカは第二次世界大戦後、世界中の国々に経済支援、軍事支援という形でドルをばら撒いてきました。そのため、アメリカ・ドルは、今でも世界貿易における決済通貨として使用されています。

アメリカの場合、その強大な軍事力も、アメリカ・ドルの価値を保証している要因だといえます。アメリカは世界最強の国であり、戦争や国際紛争で経済が破綻する可能性は低いです。だから、アメリカ・ドルは安全な通貨であり、アメリカの国債は安全な資産だということです。そういう様々な要因が重なり合って、アメリカは巨額の国債を発行し続けられているはずです。

MMTでは、その辺りの追及や分析はあまり行われず、あたかも「アメリカは自国通貨で国債を発行しているから、財政赤字が溜まっても国債を発行し続けられている」という点ばかりが強調されています。このことは、多くの経済学者の非難を浴びても仕方のない部分だと思われます。

つまりは、まだまだ練り切られておらず、突っ込もうと思えばいくらでも突っ込める部分があるのです。

さらにＭＭＴには、もう一つ大きな問題点もあります。

そもそも「国家が自由に通貨を発行して財政を賄う」ということは、ＭＭＴを待つまでもなく、古今東西の国家が試みてきたことでもあります。古代から国家が通貨の発行権を持つ、ということは決して珍しいことではなく、というより、もともと通貨は国家が発行していたものなのです。そして、当然、通貨の発行が国の重要な財源となっていました。

しかし、国家（政府）が通貨を発行すると、財政不足を賄うために通貨を発行しすぎて、経済社会の混乱を招く、という事態がしばしば生じました。古代ローマ帝国しかり、モンゴル帝国しかり、中世のヨーロッパ諸国しかり、です。

そして、国家に通貨の発行権を持たせると、経済社会が安定しないということで、現在の中央銀行による通貨発行システムに行き着いたのです。

だから、国家が通貨発行権を持つ場合、もっとも懸念されることは、通貨を発行しすぎるという点です。この問題点について、ＭＭＴでは具体的な対処法は語られていません。「インフレに注意していればいい」ということだけで済まされているのです。

　通貨を発行しすぎればインフレになる（物価の上昇が起きる）ということは、古今東西の国家も知っていたはずです。知っていたにも関わらず「通貨の発行しすぎ」を止めることができなかったのです。

　だからＭＭＴの「インフレに注意していれば大丈夫」という理屈は、問題の対処法としてはあまりに弱いものだと思われます。

　ＭＭＴ理論の経済学者の方々には、歴代の経済学者が犯してきた「自説を絶対視する」という過ちに陥ることなく、さらに様々な分析を重ね、柔軟に可能性を追及していっていただきたいと筆者は考えています。

【経済理論No.32】
ビットコイン理論
～人類のための新しい通貨の形？～

「ITを駆使した仮想通貨（ビットコイン）は、安全で透明性が高く、国家機関がコントロールしない、本当の人類のための通貨である」


これは、昨今、急激に広まったビットコインを代表とする仮想通貨の基本理論です。

ビットコインは、2008年にサトシ・ナカモトという人物がネット上で発表した論文がその起源になっているとされています。

ブロックチェーンという技術により、安全で透明性の高い「ネット上の通貨（ビットコイン）」をつくることができる、というその論文は、一部で反響を呼びました。ま

	価値の保証	価格変動	使用できる場所
法定通貨	国家・中央銀行 	小さい	発行国の国内
仮想通貨	ない	大きい	世界中だが、価格変動が大きいため受け入れられていない

「使えるお金」としてはほとんど機能していない

たサトシ・ナカモトは、ビットコインの創設と管理のためのソフトウェアを公開し、多くの人々にビットコイン・プロジェクトへの参加を促しました。

　これまでの通貨は国家が発行と管理の責任を担っていました。が、これでは国家による恣意的な運用が行われるため、真に人々に必要な通貨ではない、というのがビットコイン理論の神髄でした。つまりは、ビットコインを創設することにより、真に人々のためになる通貨を発行できる、ということです。

　そして、世界中でビットコインが普及すれば、為替のリスクなどを心配することなく、世界中で商取引ができるようになる、とのことです。

この高尚な精神性、安全性、透明性などの謳《うた》い文句により、ビットコインは2009年に運用が開始され、その後、急速に発展しました。そしてビットコインに追随して、様々な仮想通貨が創設されました。

ちなみに、サトシ・ナカモトという人物は日本人とされることもありますが、いまだ正体は不明です。個人ではなく、開発グループではないか、という説もあります。

●問題だらけの仮想通貨

ビットコインをはじめとする仮想通貨は、その高尚な精神とは裏腹に様々な問題を抱えています。

まず仮想通貨というのは、幻想通貨といえるもので、その通貨の価値には、実体の裏付けがありません。また誰も価値の保証をしてくれないのです。

〝正規の通貨〟は、そのほとんどが国家もしくは国家の委託を受けた機関が運営管理をしています。現在の通貨は、貴金属などとの交換保証はなくなっていますが、価値の保証は国家が威信をかけて行っています。各国の中央銀行は、相当の貴金属や金目の物を保有しています。そして、もし通貨の信用がなくなりそうになれば、国家は国の資産を使うなど最大限の努力をして、信用維持に努めます。

しかし、仮想通貨の場合は、誰も信用保証の努力などはしてくれません。価値がゼロになる可能性も往々にしてあるのです。

●通貨として〝使えない〟

また仮想通貨は、現在、価値が乱高下して、通貨としては使えるものではありません。

たとえば、ビットコインは２０１７年の初頭には10万円程度だったのが、年末には２００万円以上の値をつけました。しかし、２０１８年の初頭には半額以下に下がってしまいました。２０１９年になって一時１５０万円にまで値が上がりましたが、すぐにまた半値近くになってしまいました。

これほど価値が乱高下する通貨は、通貨としては使えません。ビットコインを使えるショップなどもありますが、日々、価値が大きく変動するので、払う方も受け取る方もリスクが大きすぎます。

現在、ビットコインを通貨として使おうと思って保持している人は、ほとんどいないはずです。ビットコインを保持している人のほとんどは投機目的です。

「国家機関がコントロールしない、真に人々のための自由な通貨」という崇高な目的とは裏腹に、実際には、一獲千金を夢見る人たちが群がっているだけなのです。

●安全性に大きな問題

ビットコインをはじめとする仮想通貨は、安全性においても、かなり重大な問題を抱えています。仮想通貨は、創設されて間もないのに、すでに何度も大規模な流出事件が起きています。ブロックチェーンという技術自体は、安全で画期的なものだとして評価されていますが、通貨運営の全体的な仕組みは、不安定なことこの上ないのです。

通常の銀行の電子取引と比べても、はるかに危険が大きいわけです。

銀行の電子取引は、仮想通貨よりもはるかに多くの取引があり、仮想通貨よりもはるかに莫大な金額が毎日毎日動いているわけです。しかし、仮想通貨のような大きな資金流出事件などは、これまで起きていません。

また仮想通貨は、理論的には、「ネット上で取引のすべてを多くの人が監視できるため、不透明な取引は生じない」ということになっていました。が、実際は、流出事件が起きたときに、誰が盗ったのかさえ判明しないケースが多かったのです。

つまり、仮想通貨の技術というのは実用における安全性はまったく高いとは言えず、むしろ不安定で危険なものなのです。

また仮想通貨は、「国家機関によらない、人類のための自由な通貨」ということになっていますが、実際は発行量などの決定は一部の運営者が行っており、参加者などが関与する余地はまったくありません。また仮想通貨の創設メンバーたちが、莫大な富を手にしているだろうことは確実です。

ビットコインなどの仮想通貨は、確かに人類に新しい通貨の形を見せたという部分はあります。国家が管理しなくても通貨はつくれる、保証資産を準備していなくても通貨はつくれる、ということを証明し、通貨に新しい可能性を与えました。

しかし山積する様々な問題を解決できなければ、ただの「投機対象」で終わってしまうでしょう。

●孫正義でさえ大損したビットコイン

２０１９年４月にアメリカのウォールストリートジャーナルが、「ソフトバンクの孫正義《そんまさよし》氏がビットコインの取引で１億３０００万ドル（約１４５億円）の損失を出した」と報じました。孫正義は、ビットコインの価値が急上昇した２０１７年の後半に購入し、２０１８年初頭に大暴落したときに売却したとのことです。

孫正義氏といえば、日本を代表するＩＴ企業経営者です。いわばＩＴ関連のプロ中のプロです。その孫正義氏でさえ、大損したのですから、普通の人が手を出して簡単に儲けられるものではないはずです。

また孫正義氏が大損を出して売却したということは、彼がビットコインに将来性を感じていないということでもあるでしょう。

【経済理論No.33】

ピケティの経済理論

～90年代以降、世界の貧富の格差が急拡大している～

トマ・ピケティ
(1971-)

「90年代以降、世界の貧富の格差は急激に拡大している。特に経済成長が落ち着いた先進国で、その傾向が顕著である」

これは、トマ・ピケティの経済理論です。

ピケティは世界の格差問題の第一人者であり、昨今、世界的に注目されている経済学者です。

ピケティは1971年にパリの郊外で生まれ、パリ高等師範学校やイギリスのロンドン経済学校などで学び、フランス国立科学研究センターなどで研究員となります。

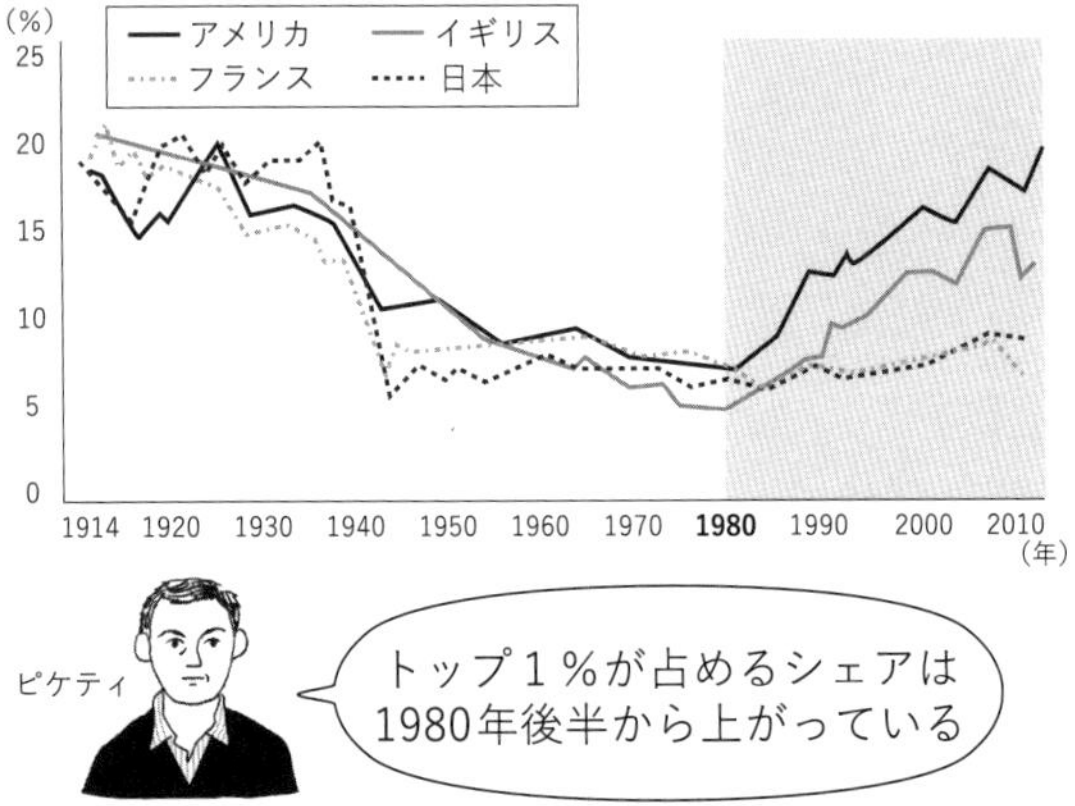

2000年代に世界的な貧富の格差に関する研究論文、著書を相次いで発表しました。ピケティは、18世紀から300年にわたるヨーロッパ諸国のデータを用いて、富の偏在や所得格差の推移を追究しました。そして1980年代後半、世界的に急激な貧富の格差が生じていることを発表し、世界中で大きな反響を呼びました。

2011年にアメリカで起きた市民運動「ウォール街を占拠せよ」は、ピケティの研究の影響が大きかったとされています。「ウォール街を占拠せよ」とは、「アメリカでは1%の人が国の資産の35%を独占している」として、資本家の象徴であるウォール街を99％の国民に解放せよ、という趣旨の運動でした。約１５００人が、ウォール街の主要金融機関などに向かってデモ行進をし、世界中のニュースで取り上げられました。

ピケティの研究によると、「18世紀から20世紀にかけて貧富の差は拡大したが、第二次世界大戦後から１９９０年ごろまでは貧富の格差は解消に向かっていた。しかし、90年代以降にまた貧富の格差が急激に拡大し始めた」ということです。

特に、経済成長の止まった先進国では、株主の富の蓄積が進み、労働者の取り分よりもはるかに多くを取っているということです。

●共産主義の幽霊

ピケティは、「１９９０年を境に貧富の格差が進んでいる」と述べていますが、１９９０年あたりに世界で何があったのかを検証すると、答えは簡単に出てきます。ソ連、東欧の共産主義圏の崩壊です。

マルクスの項で述べましたように、共産主義は19世紀から20世紀にかけて世界中を席巻した経済思想でしたが、１９７０年代ごろから共産圏諸国の経済の失敗が顕著になり、１９９０年代初頭にソ連、東欧の共産主義諸国は全滅してしまいました。

その後、世界は一気にマネーゲームの方向へ傾きました。「資本主義こそが正しい」とばかりに、企業や投資家に限りなく自由を与え、便宜を図る政策を採り始めたのです。

ソ連や共産主義陣営が健在だったとき、西側諸国はこうではありませんでした。資本主義の暴走にそれなりに気を配っていたのです。「相続税」や「所得税の累進課税」などで、富裕層からしっかり税金を取っていました。

極端な富の偏在が起きないように、貧困者にはそれなりの配慮をして、社会に不満が蔓延しないような施策を優先的に行っていました。

しかし、ソ連、東欧諸国が崩壊した後は、相続税は相次いで縮小あるいは廃止され、所得税の累進性も弱められました。

日本でも、富裕層の所得税率は１９９０年代以降、40％以上も下げられ、相続税も30％以上も下げられました。アメリカの相続税も同じころから一貫して下げられ、ブッシュ政権により一旦廃止の決定も行われました（オバマ政権により復活させられました）。

そして各国は投資に対する減税を行い、投資を促進させようとしました。その結果、90年代後半から現在まで、世界中で投資ブームが起き、マネーゲームが加速していったのです。

●西側諸国の政治家や経済人たちの勘違い

共産主義諸国の崩壊について、西側諸国の政治家や経済人たちは、大きな誤解をしてしまったといえます。

そもそも共産主義というのは、資本主義に様々な問題が噴出し貧富の差が極限にまで達しようとしていた時に、解決策として勃興した思想です。共産主義諸国が崩壊したということは共産主義の方法論が資本主義の問題解決には適さなかったというだけの話であり、資本主義の様々な問題はそのまま解決されずに残っているわけです。資本主義の様々な問題を放置していれば、共産主義勃興以前の状態の「激しい格差社会」に戻ってしまうことは目に見えていたはずなのです。

また共産主義諸国というのは、平等だったから崩壊したわけではありません。むしろ、資本主義諸国よりも格差が激しく、不公平だったから崩壊したのです。

資本主義が絶対的に正しい経済思想ではなく、共産主義よりは資本主義の方がまだましだったというだけの話なのです。

また共産主義というのは、まだ世界的に消滅したわけではありません。そして共産主義というのは、貧しい国や貧富の差が大きい地域で盛んになる傾向があります。超貧しい人たちにとっては、「経済活動の自由」や「私的所有権」などよりも、今日の生活の方が大事なのです。もし今の世界が貧富の格差を放置し続けていれば、また共産主義という「怪物」が、これまでとは違った形で現れるかもしれないのです。

それを防ぐためにも、世界中の政治家や経済人たちは「格差の是正」に努めなくてはならないといえます。

●ピケティの問題解決策

ピケティは、論文や著書の中で、貧富の格差の解決策について提言をしています。

その提言は、特に奇をてらったものではなく、「所得税や相続税の累進性の強化」と

「世界的な資産税の強化」です。

累進性の強化というのは、所得や財産が多いものほど税率を高くするということです。前述しましたように、共産主義諸国の崩壊以降、世界中の国々で税金の累進性を緩めました。つまり、高額所得者や富裕層の税金が安くなったということです。

これが貧富の格差の大きな要因となっているので、これを是正すべきだとピケティは主張しているのです。

また昨今では、世界の富裕層は自国での税金が高くなると、タックスヘイブンなどに資産を移転させたり、自分自身が移住したりするケースも増えています。だから、世界的に資産税の課税を強化し、富裕層の税逃れを防ぐべしとピケティは主張しているのです。

これは、データ的に見てもごくごくまっとうな主張だと思われます。しかし、これを実行するのは大変なことなのです。富裕層というのは、政治権力と密接な関係にあることが多く、なかなかそういう政策は実現できないのです。しかし、これを実現しなければ世界の貧富の格差は広がるばかりですし、貧富の格差によって生じる社会不安や紛争、テロなどは今後ますます増加することになるかもしれません。

あとがき

経済という言葉は、中国の古典にある「経世済民《けいせいさいみん》」という言葉から来ています。「経世済民」とは、世を経《おさ》め民を済《すく》うという意味です。つまりは、民の生活を平穏にするというのが、経済のもともとの語源なのです。

しかし最近の経済政策は、その目的を忘れていることが多いように見受けられます。「経済成長」「企業の収益」「株価の上昇」は、本来、経済社会を豊かにする指標の一つに過ぎなかったはずです。が、いつの間にか、「経済成長」「企業の収益」そのものが目的となっています。「経済成長」や「企業の収益」のために、末端の人たちを犠牲にするというような政策がしばしば施されています。

特にバブル崩壊後の日本では、完全に「企業の収益」に軸足を置いた経済政策が敷かれました。莫大な経済対策費を費消したにも関わらず、そのほとんどが大企業に吸収されてしまいました。

その結果、平成30年の間には、「史上最長の好景気」を二度も記録したにも関わらず、先進国でほぼ唯一、サラリーマンの給料はマイナスになり、一週間に48時間働いてもまともに生活できないワーキング・プアが激増しました。

ピケティの項でも述べましたように、昨今では日本に限らず世界中で大企業優先、富裕層優先の経済となっています。

ところで、これを執筆している現在、世界はウクライナ戦争などの影響を受け、激しい物価高をきたしています。戦争などでのインフレでは、一般の人々が一番大きな影響を受けます。

世界各国が今一度「経済」の原点である「世を経《おさ》め民を済《すく》うためのもの」に立ち返っていただきたいと筆者は願っております。

最後に彩図社の本井編集長、栩兼氏をはじめ、本書の制作に尽力いただいた皆様にこの場をお借りして御礼を申し上げます。

世界経済がこの危機を無事脱し、健全に発展することを祈念しつつ……。

２０２３年春　著者

【主要参考文献】

『影響力の武器』ロバート・B・チャルディーニ著　社会行動研究会訳　誠信書房
『選択の科学』シーナ・アイエンガー著　櫻井祐子訳　文藝春秋
『ファスト&スロー　上下巻』ダニエル・カーネマン著　村井章子訳　早川書房
『実践　行動経済学』リチャード・セイラー、キャス・サンスティーン著　遠藤真美訳　日経BP
『行動経済学の逆襲』リチャード・セイラー著　遠藤真美訳　早川書房
『渋沢栄一　国富論』渋沢栄一著　国書刊行会
『国富論1〜4』アダム・スミス著　大河内一男監訳　中央公論新社
『国富論1〜4』アダム・スミス著　水田洋監訳　岩波書店
『道徳感情論』アダム・スミス著　村井章子、北川知子訳　日経BP
『道徳感情論』アダム・スミス著　高哲男訳　講談社
『道徳感情論　上下』アダム・スミス著　水田洋監訳　岩波書店
『アダム・スミス』高哲男著　講談社
『マルクス　資本論1〜4』エンゲルス編　向坂逸郎訳　岩波書店

『雇用、利子および貨幣の一般理論　上下巻』ジョン・メイナード・ケインズ著　間宮陽介訳　岩波書店
『経済発展の理論』J・A・シュムペーター著　塩野谷祐一ほか訳　岩波書店
『税金の西洋史』チャールズ・アダムズ著　西崎毅訳　ライフリサーチプレス
『図説　お金の歴史全書』ジョナサン・ウィリアムズ編　湯浅赳男訳　東洋書林
『金融の世界史』板谷敏彦著　新潮社
『ケインズ』R・スキデルスキー著　浅野栄一訳　岩波書店
『ケインズと世界経済』岩本武和著　岩波書店
『デフレ不況をいかに克服するか』J・M・ケインズ著　松川周二編訳　文藝春秋
『MMT現代貨幣理論入門』L・ランダル・レイ著　島倉原監訳　鈴木正徳訳　東洋経済新報社
『21世紀の資本』トマ・ピケティ著　山形浩生・守岡桜・森本正史訳　みすず書房

【本文画像引用元】

P14　コンコルド（©Eduard Marmet）
P34　アルバート・タッカー（©Mathematical Association of America）
P70　シーナ・アイエンガー（写真提供／共同通信社）

P159 ヒャルマール・シャハト（©Bundesarchiv）
P210 ランダル・レイ（©Marta Jara）
P227 トマ・ピケティ（©Gobierno de Chile）

【著者略歴】

大村大次郎（おおむら・おおじろう）

1960年生まれ、大阪府出身。
主に法人税担当調査官として10年間国税庁に勤務する。
現在は経営コンサルタントの傍ら、ビジネス・税金関係の執筆を行っている。フジテレビドラマ「マルサ!!」監修。著書に『脱税のススメ』シリーズ（彩図社）、『あらゆる領収書は経費で落とせる』（中央公論新社）、『やってはいけない老後対策』（小学館）、『お金の流れでわかる世界の歴史』（KADOKAWA）などがある。

【イラスト】大塚砂織

教養として知っておきたい 33の経済理論

2023年 6月14日　第1刷

著　者　大村大次郎
発行人　山田有司
発行所　株式会社彩図社
〒170-0005
東京都豊島区南大塚3-24-4 MTビル
TEL 03-5985-8213　FAX 03-5985-8224
URL：https://www.saiz.co.jp/
Twitter：https://twitter.com/saiz_sha

印刷所　新灯印刷株式会社

ISBN978-4-8013-0664-6 C0133

※本書は2020年5月21日に小社より刊行した『教養として知っておきたい 33の経済理論』を再編集の上、文庫化したものです。